03

사례중심

탄원서 · 의견서

작성방법 과 실무

편저 : 대한법률편찬연구회
(콘텐츠 제공)

탄원내용·소명자료·첨부서류·절차진행에 대한 의견 등 수록

강제추행 판결선고 앞둔 피고인 선처 호소, 명예훼손 공판앞둔
피고인의 지인이 재판장님께 선처호소 등
고소 사례를 법률 서류작성 형식에 맞추어 수록

법문북스

사례중심

탄원서 · 의견서

작성방법 과 실무

편저 : 대한법률편찬연구회
(콘텐츠 제공)

탄원내용·소명자료·첨부서류·절차진행에 대한 의견 등 수록

강제추행 판결선고 앞둔 피고인 선처 호소, 명예훼손 공판앞둔
피고인의 지인이 재판장님께 선처호소 등
고소 사례를 법률 서류작성 형식에 맞추어 수록

법문북스

머 리 말

　여러 사람들이 모여 살다 보니 각종 사건, 사고도 많이 일어나고 때로는 억울한 일을 겪게 되는 것이 우리가 사는 사회의 모습이기도 합니다.

　살다보면 겪을 수도 있는 크고 작은 분쟁이 서로 원만하게 해결되면 좋겠지만 그렇지 않은 경우가 많습니다. 이럴 때에는 그 해결방법을 법의 판단에 맡기게 됩니다. 그런데 분쟁이 일어나서 막상 관련 사건에 대한 법에 대하여 알아보거나 법률 전문가의 전문적인 의견을 들어보게 되면, 예상과는 다를 경우에 당황하게 되는 경우가 간혹 있기 마련입니다.

　미리 법에 대하여 어느 정도 알고 있었다면 상황을 좀 더 유리하게 이끌 수 있으며 그렇지 못하여 손해를 보는 경우도 있습니다.

　이 책에서 저자의 뜻한 바는 그러한 손해나 억울함을 겪지 않도록 미리 대비하는데 도움을 주기 위하여 기획을 하게 되었습니다.

　법적 분쟁이 자주 발생하는 '강제추행 판결선고 앞둔 피고인 선처 호소, 교특법 위반 무죄선고청구, 구속된 피고인 선처호소' 등 고소 사례를 법률 서류작성 형식에 맞추어 수록해 놓아 독자들이 쉽게 내용을 파악하여 각자의 상황에 적용할 수 있게 구성하였습니다. 독자들이 이 책을 통하여 법적 분쟁이 발생했을 경우에 억울한 손해를 입지 않고 상황을 유리하게 이끌 수 있도록 조금이나마 도움이 되기를 바랍니다.

　마지막으로 이 책의 출판에 힘써 주신 여러분들에게 감사의 뜻을 표하는 바이며 법문북스 김현호 대표님을 비롯한 편집부 여러분에게도 이 지면을 빌려 감사드립니다.

2018. 1.

편저자 필

목　차

§ 탄원서 서식 사례 §

【강제추행 판결선고 앞둔 피고인 재판장님께 간곡히 선처를 호소】 …… 1
　1. 피고인 …… 2
　2. 소명자료 및 첨부서류 …… 5
【강제추행 판결선고 앞둔 피고인이 재판장님께 간곡히 선처호소2】 …… 6
　1. 피고인 …… 7
　2. 소명자료 및 첨부서류 …… 11
【강제추행 피의자가 검사님께 엘리베이터 건드림 무혐의처분호소】 …… 12
　1. 피의자 …… 13
　2. 소명자료 및 첨부서류 …… 16
【강제추행 피의자가 검사님께 차량블랙박스제출 무혐의처분호소】 …… 17
　1. 피의자 …… 18
　2. 소명자료 및 첨부서류 …… 21
【강제추행미수 피의자가 검사님께 가혹하여 무혐의처분 선처호소】 …… 22
　1. 피의자 …… 23
　2. 소명자료 및 첨부서류 …… 25
【강제추행혐의 조사중인 피의자의 처가 검사님께 간곡히 선처호소】 …… 27
　1. 탄원인 …… 28
　2. 소명자료 및 첨부서류 …… 32
【공중밀집장소지하철 성추행 조사받는 피의자가 검사님께 선처호소】 …… 33
　1. 탄원인 …… 34
　2. 탄원의 취지 …… 34
　3. 탄원의 요지 …… 34

4. 소명자료 및 첨부서류 …………………………………………………… 38

【교통사고 검찰조사 중인 피의자가 검사님께 억울함 재수사촉구】 …… 39
1. 탄원인 ……………………………………………………………………… 40
2. 탄원의 취지 ……………………………………………………………… 40
3. 탄원의 요지 ……………………………………………………………… 40
4. 소명자료 및 첨부서류 …………………………………………………… 44

【교특법위반 공판앞둔 피고인이 재판장님께 무죄선고청구】 ………… 45
1. 탄원인 ……………………………………………………………………… 46
2. 소명자료 및 첨부서류 …………………………………………………… 51

【구속되어 공판앞둔 피고인의 지인이 재판장님께 간곡히 선처호소】 ·· 52
1. 피고인 ……………………………………………………………………… 53
2. 소명자료 및 첨부서류 …………………………………………………… 56

【구속된 남편을 검사님께 용서하시고 어린아이들 생각해 석방호소】 ·· 58
1. 탄원인 ……………………………………………………………………… 59
2. 소명자료 및 첨부서류 …………………………………………………… 63

【노모가 구속된 피고인을 재판장님께 선처해 하루속히 석방호소】 …… 64
1. 탄원인 ……………………………………………………………………… 65
2. 탄원의 내용 ……………………………………………………………… 65
3. 소명자료 및 첨부서류 …………………………………………………… 68

【명예훼손 공판앞둔 피고인의 지인이 재판장님께 선처호소】 ………… 69
1. 탄원인 ……………………………………………………………………… 70
2. 소명자료 및 첨부서류 …………………………………………………… 73

【미성년자고용 등으로 구속된 피의자의 처가 검사님께 선처호소】 …… 74
1. 탄원인 ……………………………………………………………………… 75
2. 소명자료 및 첨부서류 …………………………………………………… 79

【사기죄 구속수사 중인 피의자의 딸이 검사님께 간곡히 선처호소】 ···· 80
1. 탄원인 ……………………………………………………………………… 81
2. 소명자료 및 첨부서류 …………………………………………………… 85

§ 의견서 서식 사례 §

【강제추행 신상공개명령 고지명령의 면제 호소 공소기각 의견서】 …… 89
1. 본건 공소사실 중, 범행시각 ……………………………………………… 90
2. 증거의 인부에 관한 의견 ……………………………………………… 91
3. 범죄의 성부에 관한 것은 아니나 일부 사실과 다른 피해자의 진술부분 …………………………………………………………………………… 91
4. 피고인의 양형과 관련하여 참작할 만한 각 사정 …………………… 95
5. 양형에 관한 의견 ……………………………………………………… 101
6. 신상정보에 관한 공개, 고지명령에 관하여 ………………………… 101
7. 결론 ……………………………………………………………………… 102
【개인정보누설 공소장 정상계진술 호기심 다운 선처호소 의견서】 …… 103
1. 공소사실에 대한 의견 ………………………………………………… 104
2. 절차진행에 대한 의견 ………………………………………………… 105
3. 성행 및 환경에 관한 의견 …………………………………………… 106
4. 정상에 관한 의견 ……………………………………………………… 108
5. 소명자료 및 첨부서류 ………………………………………………… 111
【형사공판을 앞두고 공소사실 정상관계를 진술해 제출하는 의견서】 ‥ 112
1. 공소사실에 대한 의견 ………………………………………………… 113
2. 절차진행에 대한 의견 ………………………………………………… 114
3. 성행 및 환경에 관한 의견 …………………………………………… 114
4. 정상에 관한 의견 ……………………………………………………… 116
5. 소명자료 및 첨부서류 ………………………………………………… 119
【음주 위험운전 치상 합의하고 선처를 간곡히 호소】 ……………………… 120
1. 공소사실에 대한 의견 ………………………………………………… 121
2. 절차진행에 대한 의견 ………………………………………………… 124
3. 성행 및 환경에 관한 의견 …………………………………………… 126
4. 정상에 관한 의견 ……………………………………………………… 129

　5. 양형을 위하여 조사해 주기를 바라는 사항 ……………………………………… 132

　6. 법원조사관의 면담을 원하는지 여부 …………………………………………… 133

　7. 소명자료 및 첨부서류 …………………………………………………………… 133

【성매매알선 재판앞둔 피고인이 모르고 한 짓이라며 선처호소】 ……… 134

　1. 공소사실에 대한 의견 …………………………………………………………… 135

　2. 절차진행에 대한 의견 …………………………………………………………… 137

　3. 성행 및 환경에 관한 의견 ……………………………………………………… 138

　4. 정상에 관한 의견 ………………………………………………………………… 142

　5. 양형을 위하여 조사해 주기를 바라는 사항 ……………………………………… 144

　6. 법원조사관의 면담을 원하는지 여부 …………………………………………… 144

　7. 소명자료 및 첨부서류 …………………………………………………………… 145

【상대방이 무고 등 고소한 사건에 역무고죄로 처벌요구 의견서】 …… 146

　1. 매매계약 주장에 관련하여 ……………………………………………………… 147

　2. 신탁부동산 매각대금지급과 관련하여 ………………………………………… 148

　3. 고소인의 무고주장과 관련하여 ………………………………………………… 148

　4. 강요행위 및 공갈주장과 관련하여 ……………………………………………… 150

　5. 소송사기 주장과 관련하여 ……………………………………………………… 151

　6. 결론 ………………………………………………………………………………… 152

　7. 소명자료 및 첨부서류 …………………………………………………………… 152

탄 원 서

사 건 번 호 : ○○○○고단○○○○호 강제추행

피 고 인 : ○   ○   ○

안양지원 형사2단독귀중

탄 원 서

1.피고인

성　명	○ ○ ○		주민등록번호	생략
주　소	경기도 안양시 ○○구 ○○로 ○○, ○○○호			
직　업	회사원	사무실 주　소	생략	
전　화	(휴대폰) 010 - 1279 - 0000			
사건번호	안양지원 ○○○○고단○○○○호　강제추행			

상기 피고인은 수원지방법원 안양지원 ○○○○고단○○○○호 강제추행 피고사건에 대하여 아래와 같은 사유로 재판장님께 탄원서를 제출하오니 부디 선처해 주시기 바랍니다.

(1) 존경하는 재판장님께 올립니다!

　　저는 재판장님께 재판을 앞두고 있는 위 사건의 피고인 ○○○입니다.

　　일단 저도 감히 상상조차 하지 못했던 일이 벌어져 너무나도 떨리고 무섭습니다.

　　저 자신이 너무 밉고 후회하고 있습니다.
　　피해자님께 입이 열 개라도 할 말이 없고 백번 사죄드려도 시원치 않을 거라고 생각합니다.

　　말로써는 소용없다는 것을 알지만 진심으로 사죄드립니다. 저는 이 사건 이후로 매일 새벽에 절에 나가 불경을 드리고 기도하며 저의 실수로 인하여 피해를 입으신 피해자님께 사죄드리고 용서를 빕니다.

(2) 자비로우신 우리 재판장님!

그분의 부모님과 가족에게 방법이 있다면 어떤 방법으로든지 사죄드리며 용서를 빌고 싶습니다.

저는 지금까지 남들보다 더 뛰어나지도 않고 모자라지도 않게 아주 평범하게 살아왔습니다. 성격은 약간 내성적이지만 언제나 긍정적으로 생각하고 어떻게 하는 것이 올바른 삶을 사는 것인지 고민하며 성장했습니다.

중고등학교 시절에는 공부는 다른 친구들보다 썩 잘하지는 못했지만, 왕따를 없애려고 노력하기도 하고 약하고 힘없는 친구들 편에 서려고 노력했습니다.

언제나 저는 행동하기에 앞서 제가 어떻게 하는 것이 올바르고 타인에게 도움이 되는지를 생각해서 결정하곤 했습니다. 그래서 학교생활 때는 선생님으로부터 칭찬을 받기도 하고 친구들도 저를 그런 아이라고 기억하고 있습니다.

부모님께서 가훈으로 정하신' 배려와 존중 '이라는 가르침 덕분이라 생각하여 저는 부모님을 어느 누구보다도 존경하고 있습니다. 하지만, 이번 사건으로 인하여 부모님의 가르침을 배신한 것 같아 부모님과 형에게 너무나도 죄스럽고 부끄럽습니다.

죄송하고 죽을죄를 졌습니다.

(3) 존경하는 우리 재판장님!
　　저는 육군에 지원하여 입대하여 최전방에서 근무하였습니다.

군 생활도 힘든 부분이 있었지만 긍정적으로 열심히 생활하였으며 보통 힘들어서 기피하기 쉬운 유격훈련도 정말 열심히 받았습니다.

만기 전역 후 다시 한국호텔관광전문학교에 수시 합격하여 요리사의 길로 접어들었습니다. 하나밖에 없는 저의 형과 저는 훌륭한 요리사가 되어 힘을 합쳐 세상에 요리로 행복을 선사하자는 약속을 하였습니다.

저의 목표가 있었기에 열과 성의를 다하여 1학기 중에 요리경연대회에서 금상을 수상하였고 1학기 성적도 평균 A학점을 받는 결실을 볼 수 있었습니다.

담당 교수님의 추천으로 내년 졸업 후 중국의 제남대학교 요리 과에 유학을 가기로 되었으며, 그 후 대학원에 진학하여 경영마케팅도 공부할 계획입니다.

(4) 자비로우신 우리 재판장님!

한 순간의 방심과 실수가 저의 꿈을 산산조각 내는 것 같아 재판장님께 탄원서를 작성하는 지금 저는 눈물을 흘리면서 진심으로 뉘우치고 있습니다.

저를 가르치신 스승님, 할아버지 할머니, 부모님, 형, 친척, 친구들 모든 분들에게 너무나도 죄스럽고 부끄럽습니다.

재판장님께 모든 마음을 모아 간절히, 간절히 빕니다.

쉽지 않은 결정이겠지만 이번 한 번만 저를 용서해 주시고 선처해 주셔서, 저의 작은 꿈이 이루어 져서 많은 세상 사람들에게 행복감을 줄 수 있는 요리사가 될 수 있도록 도와주시기를 두 손 모아 빕니다.

재판장님의 은혜를 세상사람 들에게 갚을 수 있도록 선처해 주시기를 빕니다.

앞으로 어느 누구보다도 더 의롭고 올바르게 살아가겠습니다. 배려와 존중이라는 가훈을 평생 마음에 새기고 어려운 사람들을 도우면서 살겠습니다.

(5) 자비로우신 재판장님!

피해 여성분을 찾아가 직접 용서를 구하려 했으나 저를 만나지 않겠다고 하여 아버지께서 이 못난 자식을 대신하여 피해자분을 만나 사죄를 드리고 마음으로 용서를 구하셨습니다.

피해자분도 진심으로 용서한다는 말씀을 하였다는 말을 아버지로부터 전해 들었지만, 제 마음의 죄는 앞으로 평생 살면서 지워지지 않을 것입니다.
더더욱 죄를 갚는 마음으로 평생 낮은 곳을 찾으며 봉사하고 살 각오입니다.

이번 한번만, 용서해 주시고 기회를 주시면 절대 이런 일 없도록 하겠습니다.

2.소명자료 및 첨부서류

(1) 가족관계증명서   1통
(2) 피고인에 대한 인감증명서   1통

○○○○ 년 ○○ 월 ○○ 일

위 피고인 : ○　○　○　　(인)

안양지원 형사2단독귀중

탄　원　서

사 건 번 호 :　○○○○고단○○○○호　강제추행

피　고　인 :　○　　　○　　　○

고양지원 형사2단독귀중

탄 원 서

1.피고인

성 명	○ ○ ○		주민등록번호	생략
주 소	경기도 고양시 일산구 ○○로 ○○, ○○○호			
직 업	상업	사무실 주 소	생략	
전 화	(휴대폰) 010 - 9877 - 0000			
사건번호	고양지원 ○○○○고단○○○○호 강제추행			

상기 피고인는 의정부지방법원 고양지원 ○○○○고단○○○○호 강제추행 피고사건에 대하여 아래와 같은 사유로 재판장님께 탄원서를 제출하오니 부디 선처해 주시기 바랍니다.

(1) 존경하는 재판장님께 올립니다!

저는 이번 사건에 대해서 참회의 눈물을 흘리고 있는 피고인 ○○○입니다.

제가 지은 죄로 인하여 결례를 범하게 되어 진심으로 죄송스럽습니다. 저는 제가 지은 죄책감으로 밥 한 숟가락 들지 못하고 물 한 모금 입에 댈 수 없는 고통의 생활이 계속되어가고 있습니다.

모든 일상의 생활을 제대로 할 수도 없으며 하루하루를 참회하는 마음으로 후회하고 있습니다.

이렇게 탄원서를 쓰는 지금이 가장 힘들고 어렵고 손이 떨리고 있지만 제가 지은 죄이기에 이마저도 당연하다고 생각하고 있습니다.

(2) 자비로우신 우리 재판장님!

저는 오랜만에 친구를 만나 저녁식사와 함께 술을 마시게 되었습니다. 친구와 헤어진 후로는 전혀 기억이 나지 않는 상황이지만, 술을 많이 먹어 만취상태에서 그만 이성을 잃고 지나가는 피해여성분의 양팔을 잡아 끌어안는 방법으로 강제추행을 하게 되었습니다.

저도 모르게 우발적으로 술에 너무 취한 나머지 발생한 사건이지만, 이후 피해여성분의 고소에 따라 검찰조사를 받게 되었고 검찰에서 조사를 받는 과정에서도 너무나 힘들었고 정신이 혼미하였기에 죄송하다는 말씀도 제대로 못 드렸습니다.

성폭력범죄의 전과가 남게 되면 제가 앞으로 살아가는 것에 커다란 걸림돌이 됨은 물론, 피해 여성분에게 용서받을 수 있는 기회를 놓치고 싶지 않기 때문에 어떻게든 피해 여성분으로부터 용서를 받고자, 또한 제가 할 수 있는 만큼의 손해배상금을 지급해 드림으로 금전으로나마 그분께서 겪으셨을 고통과 충격을 위로해 드리고 싶은 마음 굴뚝같습니다.

(3) 존경하는 우리 재판장님!

제가 잘못한 죄에 대한 대가를 어떻게 금전으로 환산할 수 있겠습니까마는, 제가 이 순간 할 수 있는 것은 상대방 여성분에게 용서를 구하는 것과, 이렇게 장황하게나마 제 잘못에 대한 반성문을 쓰는 것밖에 없는 상황입니다.

정말 죄송하고 죽을죄를 졌습니다.
그 사건이후 현재까지, 제가 지은 죄로 인하여 모든 생활이 엉망이 되어 버렸습니다. 현재까지도, 아무것도 먹지도 못하고 잠을 제대로 잘 수도 없으며, 직장에서 일도 손에 잡히지 않고 앞으로 이 사건으로 인한 형벌이 내려질 것을 생각하니 죽고 싶은 마음까지 드는데, 이러한 죽음의 공포 속에서 저는 아무것도 할 수 없기에 모든 것을 포기하며, 이 모든 것을 제가 지은 죄에 대한 대가라고 생각하고 받아들이고 있습니다.

길을 가다가도 고개조차 들 수 없어서 땅만 쳐다보게 되었고, 책상 앞에 앉아도 벽을 바라보며 참회하고 저도 모르게 눈물만 흘리고 있습니다.

(4) 자비로우신 재판장님!

제가 커다란 죄를 범했다는 사실을 알고 난 후, 그 누구에게도 차마 말씀을 드릴 수 없었던 저는 너무나 절박한 마음에 처해 있습니다.

죄를 지었으면 응당 그에 맞는 벌을 받음으로 책임을 지는 것이 당연하다고 생각합니다.

더불어 다시는 이러한 잘못을 하지 않도록 예방하는 것이 법률이라고 배웠습니다.

하지만 이번에 제가 지은 죄로 인하여, 젊은 나이인데 성범죄자로 낙인찍혀 앞으로의 인생과 제 주변의 지인과 가족들 모두에게 마음의 짐이 되는 돌이킬 수 없는 상황이 됩니다. 피해자 분께 저의 죄에 대해서 선처를 호소하기에 너무 부끄러운 마음만 듭니다만, 진심으로 용서를 구하고 용서를 받고 싶은 마음뿐입니다.

저는 하루하루를 아무것도 못한 채 지옥 같은 생활을 보내고 있습니다. 먹지도 못했던 술을, 이제는 술을 먹지 않으면 머릿속이 복잡해져서 마시지 않을 수가 없게 되었습니다.

하루하루가 지나가는 것이 너무 무섭습니다. 제가 재판장님 앞에서서 처벌받게 되는 날 선고를 받는 날이 하루하루 다가오는 것이 두렵습니다.

의욕이 없고 아무것도 할 수 없는 채, 이렇게 모든 것을 잃어버린 채로 하루하루 재판날짜만 기다리고 있습니다.

(5) 존경하는 재판장님1

제가 전과자가 된다는 것이 너무 무섭습니다. 아마 제가 전과자가 된다면, 한순간의 마음을 주체 못하고 죄를 지은 제 자신을 용서 할 수 없을 것입니다.

이 사건으로 인하여 유죄가 되었을 때에는, 제가 꿈꿔오던 소박하지만 평온한 생활은 성범죄자의 낙인으로 인해서 물거품이 되고 말 것이고 또한 가족들에게 미안한 마음에 가족들 품으로 다시 돌아갈 수도 없을 것 같습니다.

제 잘못에 대하여는 당연한 책임을 지겠습니다.

하지만 제가 지은 죄에 대해서 한번만 선처를 해주신다면 새로운 인생을 주신 것으로 생각하고, 그 은혜를 다 갚을 수는 없겠지만 선처해 주심에 누가 되지 않도록 두 번 다시 죄를 범하지 않으며 사회에 헌신하며 살고 싶습니다.

이 사건에 대하여 재판장님께서 내리시는 처분에 대하여는 달게 받겠습니다.

재판장님께서 내리시는 처벌이 어떠하시든 저는 진심으로 반성하며 참회하고 있으며 앞으로도 이 마음 변치 않을 것입니다.

저의 잘못을 진심으로 후회하며 지금 이 순간도, 앞으로도 제 자신만의 참회를 하고 미안하고 죄송한 마음으로 살 것입니다.

(6) 자비로우신 재판장님!

제 자신이 살아 있다는 것이 추악하며 밉고 한심해서 부끄럽습니다. 제가 조금이라도 용서를 구하고자 하는 심정을 이렇게 반성문으로나마 제출하는 길 밖에 없습니다.

제 마음속에 담겨있는 진심이 재판장님께 어떻게 전달되었는지 모르겠지만 앞으로 두 번 다시 제 모든 것을 걸고 이러한 일은 없을 것입니다. 맹세합니다.

제가 원하는 꿈을 이루게 된다면 사회의 일부로서 사회에 봉사하고 남에게 베풀며 살고 싶습니다.

두서없이 쓴 미천한 저의 반성문을 끝까지 읽어주셔서 감사합니다.

이렇게 날마다 눈물로써 반성하고 있으니 제 잘못에 대하여 선처를 바라오며, 바르게 살아갈 수 있도록 앞으로의 제 모습을 지켜봐 주시길 간청 드립니다.

(7) 존경하는 우리 재판장님!

다시는 이런 일 없도록 하겠습니다.

정말 죄송합니다.
죽을죄를 졌습니다.
앞으로는 절대 이런 일이 생기지 않도록 하겠습니다.

부디 저에게 한 번만 기회를 주시면 다시는 이런 짓 하지 않고 아예 술도 끊고 앞만 바라보고 열심히 살겠습니다.

2.소명자료 및 첨부서류

(1) 가족관계증명서   1통
(2) 피의자에 대한 인감증명서   1통

○○○○ 년 ○○ 월 ○○ 일

위 피고인 : ○   ○   ○   (인)

고양지원 형사2단독귀중

탄 원 서

사 건 번 호 : ○○○○형제○○○○호 강제추행

피 의 자 : ○   ○   ○

청주지검 ○○○검사님 귀중

탄 원 서

1.피의자

성 명	○ ○ ○	주민등록번호	생략
주 소	청주시 ○○구 ○○로 ○○, ○○○-○○○호		
직 업	상업	사무실 주 소	생략
전 화	(휴대폰) 010 - 8768 - 0000		
기타사항	○○○○형제○○○○호 강제추행		

상기 피의자는 청주지방검찰청 ○○○○형제○○○○호(청주경찰서 ○○○○형제○○○○호) 강제추행 피의사건의 피의자로서 담당 검사님께 아래와 같이 탄원하오니 피의자에게 무혐의처분을 해 주시기 바랍니다.

(1) 존경하는 검사님께 호소합니다.

먼저 존경하는 검사님께서 항상 사법적 정의구현 노력에 깊은 감사의 말씀을 드립니다.

저는 ○○○○. ○○. ○○. ○○:○○시에 청주경찰서에서 강제추행혐의로 조사를 받고 청주지방검찰청으로 송치된 피의사건에 대하여 감히 고명하신 검사님께 사건의 경위를 말씀드리고 무혐의처분을 해달라고 호소하게 되어 죄송하게 생각합니다.

제가 검사님께 탄원서를 작성해 피의자에 대한 무혐의처분을 해달라고 호소하게 된 것은 누구로부터 부탁을 받거나 타의적으로 작성한 것이 절대 아니며 이 탄원서는 사실 그대로 숨김과 보탬이 없는 전적으로 저의 내면에서 우러나오는 자발성에서 이뤄진 것임을 아울러 말씀드립니다.

(2) 존경하는 우리 검사님!

저는 올해 67세 된 손자도 둘이나 있는 할아버지로 5년 전에 ○○은행 지점장으로 근무하던 중 정년퇴직하고 지금은 집에서 손주들과 지내고 있습니다.

피의자가 살고 있는 아파트는 약 700세대가 되고 저는 ○○○동에 살고 있는데 평소에 엘리베이터를 타고 올라가거나 길에서나 입구에서나 어른들을 보면 늘 인사를 잘하고 정말 예쁜 초등학생 3학년학생과 그 부모와 여러 사람이 엘리베이터를 같이 타고 올라가는데 그 초등학생이 저를 보고 인사를 예쁘게 하는 바람에 저는 감동을 받아 그만 초등학생의 엉덩이를 살짝 건드렸습니다.

그랬더니 바로 부모님들이 저에게 강제추행이라며 고소를 하겠다고 해서 저는 하도 어이가 없는 일이라 죄송하다는 말도 하지 못하고 그만 어떻게 이게 강제추행이냐며 고소를 하던지 알아서 하라고 하여 문제가 화근이 되었습니다.

이유야 어찌되었건 저는 손주 같은 생각에 인사를 너무나 예쁘게 잘하여 순간 옆에 서있던 초등학생의 엉덩이를 살짝 건드린 것뿐인데 이것을 강제추행범으로 몰라가는 것은 너무나 억울합니다.

저는 이번 일 때문에 아파트주민들에게 소문은 소문대로 널리 퍼져 모르는 사람이 없을 정도로 비아 되는 바람에 정말 창피해서 더 이상 살수 없을 지경입니다.

지금 저의 심정으로는 쥐구멍이라도 들어가고 싶은 심정입니다.

(3) 존경하는 우리 검사님!

제가 한 행동이 그렇게 비난받아야 할 행동은 아니었습니다.

당시의 엘리베이터에는 초등학생의 부모도 같이 타고 있었고 같은 동 주민들도 타고 있었고 손주 같은 초등학생에게 무슨 성적 충동을 느끼고 그런 짓을 할 사람은 아닙니다.

상대가 초등학생입니다.

초등학생의 엉덩이를 귀엽다는 취지에서 그것도 살짝 부모들이 보는 과정에서 손으로 건드린 것을 성적 도덕관념에 반한 행위로 피의자를 매도하고 강제주행으로 몰아가는 그 부모의 심정은 이해는 가나 너무나 지나친 면이 대단히 많습니다.

피의자의 정도가 미미하고 초등학생인 피해자도 아무렇지도 않았다고 하고 있는데 그 부모가 사과를 하지 않았다며 앙심을 품고 피의자를 파렴치한으로 몰고 고소를 하여 피의자는 완전 생매장이 되어 손주들도 집사람도 가족들의 얼굴을 바라보지 못하는 신세가 되고 말았습니다.

정말 죽고 싶습니다.

추호도 저는 성적 충동을 일으키지 않았습니다.

더구나 엘리베이터 안에는 많은 사람들이 타고 있었고, 특히 그 아이의 부모도 함께 타고 있었는데 피의자의 행동을 성적 도덕관념에 반한 행위로 매도하는 것은 도가 지나친 처사라고 생각이 됩니다.

이유를 불문하고 인사를 잘해 고마움의 표시를 하면서 다소 오해를 받을 수는 있는 행동이기는 하지만 그 정도가 지탄받아 마땅한 것은 아니었습니다.

저는 검사님의 처분과는 상관없이 지금 살고 있는 아파트에서 살 수도 없습니다.

가족들을 볼 수도 없고 손주들의 얼굴을 어떻게 볼 것이며 무슨 낯으로 대하겠습니까.

저는 두고두고 후회하는 마음으로 견디고 싶습니다.
저 좀 도와주세요.

저에 대한 여러 정상참작사항들을 헤아려 주시고 무혐의처분을 내려주시어 다시 한 번 사회 구성원으로 성실히 살아갈 수 있는 기회를 갖게 해 주시기 바랍니다.

법 이전에 한 인간을 불쌍히 여기고 자비로우신 검사님의 판단이 피의자로 하여금 다시금 기회를 주시고 평생 동안 허드렛일도 마다하지 않고 피의자를 내조한 집사람에게 격려와 위안이 될 것이라고 믿어 의심치 않습니다.

저는 검사님의 소중한 뜻이 무엇인지를 되새기고, 다시는 이런 일이 생기지 않도록 하겠습니다.

부디 검사님의 현명하신 판단으로 무혐의처분을 앙망합니다.

간곡히 호소합니다.

죄송합니다.

소명자료 및 첨부서류

(1) 피의자의 인감증명서   1통
(2) 피의자의 가족관계증명서   1통

○○○○ 년 ○○ 월 ○○ 일

위 피의자 : ○ ○ ○   (인)

청주지검 ○○○검사님 귀중

탄 원 서

사 건 번 호 : ○○○○형제○○○○호 강제추행

피 의 자 : ○   ○   ○

수원지검 ○○○검사님 귀중

탄 원 서

1.피의자

성 명	○ ○ ○	주민등록번호	생략
주 소	수원시 ○○구 ○○로 ○○,○○○-○○○호		
직 업	회사원	사무실 주 소	생략
전 화	(휴대폰) 010 - 1345 - 0000		
기타사항	○○○○형제○○○○호 강제추행		

상기 피의자는 수원지방검찰청 ○○○○형제○○○○호(수원경찰서 ○○○○형제○○○○호) 강제추행 피의사건의 피의자로서 담당 검사님께 아래와 같이 탄원하오니 피의자에게 무혐의처분을 해 주시기 바랍니다.

(1) 존경하는 검사님께 호소합니다.

먼저 존경하는 검사님께서 항상 사법적 정의구현 노력에 깊은 감사의 말씀부터 드립니다.

저는 ○○○○. ○○. ○○. ○○:○○시에 수원경찰서에서 강제추행혐의로 조사를 받고 수원지방검찰청으로 송치된 피의사건에 대하여 감히 고명하신 검사님께 사건의 경위를 말씀드리고 무혐의처분을 해달라고 호소하게 되어 정말 죄송하게 생각합니다. 제가 검사님께 탄원서를 작성해 무혐의처분을 해달라고 호소하게 된 것은 누구로부터 부탁을 받거나 타의적으로 작성한 것이 절대 아니며 이 탄원서는 사실 그대로 숨김과 보탬이 없는 전적으로 저의 내면에서 우러나오는 자발성에서 이뤄진 것임을 아울러 말씀드리겠습니다.

(2) 존경하는 우리 검사님!

피의자는 회사에서 업무관계로 늦게까지 업무를 마치고 직장동료들과 너무 늦은 시간대라 포장마차에 들러 우동을 한 그릇씩 먹고 제가 거주하고 있는 회사 근처 오피스텔로 가기위해 골목길을 지나고 있던 중 마주오던 여성을 멀리서 확인하고 우측으로 붙어 가던 길을 걸어가고 있었습니다.

하지만 아무렇지 않게 지나친 여성이 갑자기 뒤돌아서서 저의 멱살을 잡으며 자신의 엉덩이를 추행하였냐며 소리를 질렀고 인근 것을 안에 있던 사람들이 나와 저를 붙잡고 112로 신고를 하여 저는 꼼짝 없이 경찰서 지구대로 끌려갔습니다.

지구대로 끌려간 저는 밤늦게까지 일을 하느라 술을 마시지도 않았고 억울함을 밝히면서 결백을 상세히 털어놓았습니다.

그러나 조사관은 저의 진신을 아랑곳하지 않고 그 여성이 둘러대는 거짓말을 의존한 채 제가 길을 걸어가던 중 마주오던 여성이 보여 충동적으로 여성을 추행한 것이 아니냐며 온갖 추측성 말과 강압적인 분위기에서 저를 몰아 새웠고 또 조사관은 저에게 아무것도 아니니 그만 인정하고 합의하면 아무 일도 없을 것이라고 회유하기도 했습니다.

(3) 정의롭고 현명하신 검사님!

저는 처음 당해보는 일이라 담당 경찰관이 하는 말에 흔들리기는 하였으나 없었던 것처럼 조사를 꾸며 덮으려는 조사관이 너무나도 괘씸하여 혐의사실에 대하여 완강히 부인한 후 구체적인 진술을 마치고 나왔습니다.

저는 집으로 돌아와서도 억울하고 분해서 밤새도록 한잠도 못자고 뜬눈으로 보내고 직장으로 오는 길에 현장주변에서 증거를 찾아 저의 무고함을 주장하려고 하였으나 너무 늦은 시각에 발생한 사건이기 때문에 목격자가 존재하지 않았을 뿐더러 주변에는 CCTV 조차 설치되어 있지 않아 이대로 진행하다간 결국 혐의사실을 인정하고 피해를 받지도 않은 여성과 울며 겨자 먹기로 합의까지 보고 최대한의 선처를 구하는 방법으로 사건을 진행해야 할 수도 있었습니다.

직장에서 동료들과 어제 저녁에 생긴 일에 대해 의논을 하였는데 한 직장동료가 하는 말이 CCTV가 설치되어 있지 않다면 현장주변에 주차한 차량들이 있었는지 그 차량에 설치된 블랙박스 영상을 확인하면 밝혀질 수 있다는 말을 듣고 저는 곧바로 현장주변으로 달려갔는데 그곳에서 모션감지녹화기능이 설치되어 있는 차량을 찾아 녹화되어 있던 당시의 현장영상을 확인하게 되었는데 약간 거리가 있어 명확하게 저와 인상착의는 구분이 되지 않지만 저의 진술과 같이 한 남성이 여성이 걸어오자 우측으로 붙어서 걸어가는 모습과 이후 여성이 갑자기 남성을 낚아채는 장면이 고스란히 촬영되어 있었습니다.

(4) 존경하는 우리 검사님!

그렇다면 피의자는 아무런 혐의가 없음에도 그 여성이 저를 처벌받게 할 목적으로 허위의 사실을 적시하여 신고한 것이 분명한 이상 그 여성을 무고죄로 처벌해 주시기 바랍니다.

이에 대한 블랙박스영상자료를 증거자료로 제출하오니 면밀히 검토하시어 피의자에게 무혐의처분을 내려 주시어 피의자에 대한 명의회복을 해 주시기 바랍니다.

저는 이런 일로 직장에서나 심적으로나 정신적으로 엄청난 고통을 받아야 했습니다.

다시는 저에게 이런 일이 생기지 않았으면 하는 마음으로 검사님께 현명하신 판단을 호소하오니 저에게 무혐의처분을 내려주시고, 그 여성에게는 무고죄로 엄벌에 처하여 법에 준엄함을 깨달을 수 있도록 해 주시기 바랍니다.

소명자료 및 첨부서류

(1) 증 제1호증   블랙박스영상자료
(2) 증 제2호증   인감증명서
(3) 증 제3호증   재직증명서

○○○○ 년 ○○ 월 ○○ 일

위 피의자(탄원인) : ○ ○ ○   (인)

수원지검 ○○○검사님 귀중

탄　원　서

사 건 번 호 : ○○○○형제○○○○호 강제추행미수

피 의 자 : ○　　　○　　　○

부산지검 ○○○검사님 귀중

탄　원　서

1.피의자

성　명	○ ○ ○	주민등록번호	생략
주　소	부산시 ○○구 ○○로 ○○, ○○○-○○○호		
직　업	회사원	사무실 주　소	생략
전　화	(휴대폰) 010 - 1345 - 0000		
기타사항	○○○○형제○○○○호 강제추행미수		

상기 피의자는 부산지방검찰청 ○○○○형제○○○○호(부산진 경찰서 ○○○○형제○○○○호) 강제추행미수 피의사건의 피의자로서 담당 검사님께 아래와 같이 탄원하오니 피의자에게 무혐의처분을 해 주시기 바랍니다.

(1) 존경하는 검사님께 호소합니다.

먼저 존경하는 검사님께서 항상 사법적 정의구현 노력에 깊은 감사의 말씀을 드립니다.

저는 ○○○○. ○○. ○○. ○○:○○시에 부산진 경찰서에서 강제추행미수혐의로 조사를 받고 부산지방검찰청으로 기소의견으로 송치된 피의사건에 대하여 감히 고명하신 검사님께 사건의 경위를 말씀드리고 무혐의처분을 해달라고 호소하게 되어 정말 죄송하게 생각합니다.

제가 검사님께 탄원서를 작성해 피의자에 대한 무혐의를 해달라고 호소하게 된 것은 누구로부터 부탁을 받거나 타의적으로 작성한 것이 절대 아니며 이 탄원서는 사실 그대로 숨김과 보탬이 없는 전적으로 저의 내면에서 우러나오는 자발성에서 이뤄진 것임을 아울러 말씀드립니다.

(2) 존경하는 우리 검사님!

피의자는 회사 앞에 있는 ○○카페에서 직장동료와 1차로 마시고 2차로 고향친구 몇 명을 만나 밤새도록 많이 마셨습니다.

저는 이렇게 평소보다 지나칠 정도로 만취상태에서 혼자 집으로 가기 위해서 걸어가고 있는데 피해자를 발견하고 뒤쫓아 가다가 외진 곳에서 피해자를 안으려는 심산이었습니다.

그런데 인기척을 느낀 피해자는 뒤돌아보면서 대뜸 큰소리로 왜 그러느냐고 해서 저는 순간 술이 번쩍 깰 정도로 놀라서 그만 피해자를 멍하니 바라보다가 그만 자리를 떠났습니다.

당시 저는 양팔을 뒤로 벌린 상태로 피해자만 빤히 처다 보다가 그냥 돌아왔으므로 절대 폭행이나 협박은 없었습니다.

더구나 이러한 상황에서 피해자가 성적 수치심이나 혐오감을 느꼈을 가능성이 없습니다. 따라서 피의자가 성적 만족을 얻기 위한 목적으로 행위를 한 것으로 보기가 어렵습니다.

물론 술을 많이 마신상태로 잠시 이성을 잃고 뒤에서 피해자를 안으려던 심산으로 따라간 것은 맞습니다.

이내 피해자가 큰소리로 왜 그러느냐고 하는 바람에 아무런 일도 없이 자리를 떠났고 폭행도 협박도 없었는데 이를 가지고 강제추행 미수로 처벌을 한다는 것은 부당합니다.
뒤에서 피해자를 안으려했지만 3미터 근처에서 피해자가 알아차리는 바람에 아무런 일이 없었습니다.

(3) 존경하는 우리 검사님!

만취상태에서 잠시 성적충동을 억제하지 못했지만 아무런 일도 없이 자리를 떠난 피의자에게 강제추행미수범으로 몰아가는 것은 너무나 가혹합니다.

저에 대한 여러 정상참작사항들을 헤아려 주시고 무혐의처분을 내려주시어 다시 한 번 사회

구성원으로 성실히 살아갈 수 있는 기회를 갖게 해 주시기 바랍니다.

저는 경찰서에서 조사를 받고 나오는 즉시 술을 아예 끊었습니다.

술도 끊었으니 다시는 이러한 일도 없을 것입니다.
용서를 구합니다.
검사님께 하늘을 두고 맹세하겠습니다.

법 이전에 한 인간을 불쌍히 여기고 자비로우신 검사님의 판단이 피의자로 하여금 다시금 기회를 주시고 평생 동안 허드렛일도 마다하지 않으시고 뒷바라지 해 오신 우리 노모님께 격려와 위안이 될 것이라고 믿어 의심치 않습니다.

저는 검사님의 소중한 뜻이 무엇인지를 되새기고, 다시는 이런 일이 생기지 않도록 하겠습니다.

부디 검사님의 현명하신 판단으로 무혐의처분을 앙망합니다.

간곡히 호소합니다.
죄송합니다.

소명자료 및 첨부서류

(1) 피의자의 인감증명서   1통
(2) 피의자의 가족관계증명서   1통

○○○○ 년 ○○ 월 ○○ 일

위 피의자 : ○ ○ ○　　　(인)

부산지검 ○○○검사님 귀중

탄　　원　　서

사 건 번 호 :　○○○○형제○○○○호　강제추행

피　의　자 :　○　　　○　　　○

탄　원　인 :　○　　　○　　　○

수원지검 ○○○검사님 귀중

탄 원 서

1. 탄원인

성 명	○ ○ ○		주민등록번호	생략
주 소	경기도 오산시 ○○로 ○○, ○○○-○○○호			
직 업	주부	사무실 주 소	생략	
전 화	(휴대폰) 010 - 9879 - 0000			
기타사항	오산경찰서에서 수원지방검찰청으로 송치된 건			

상기 탄원인은 오산경찰서에서 조사를 마치고 수원지방검찰청으로 송치되어 조사를 앞두고 있는 피의자 ○○○의 처로서 아래와 같은 사유로 검사님께 탄원서를 제출하오니 부디 피의자를 선처해 주시기 바랍니다.

(1) 존경하는 우리 검사님께 호소합니다.

먼저 존경하는 검사님께서 항상 사법적 정의구현 노력에 깊은 감사의 말씀부터 올립니다.

제가 감히 고명하신 검사님께 사건의 경위를 소상하게 밝히고 피의자에 대하여 진심을 호소하기 위해 탄원서를 쓰게 된 것은 누구로부터 부탁을 받거나 타의적으로 작성한 것이 절대 아니며 이 탄원서는 사실 그대로를 숨김과 보탬이 없는 전적으로 저의 내면에서 우러나오는 자발성에서 이뤄진 것임을 분명히 말씀드립니다.

(2) 정의롭고 자비로우신 검사님!

피의자는 ○○○○. ○○. ○○. ○○:○○경 경기도 오산시 ○○로 ○○, ○○에 있는 폐 공장 내부에서 피해자 ○○○(여, 당시 33세 ○○다방 종업원)이 커피배달을 온 것을 보고 욕정을 일으켜 피해자의 바지를 벗기고 손으로 음부를 만지고 혀로 핥아 애무하여 강제추행혐의로 경찰서에 조사를 받고 검찰청으로 기소의견으로 송치되었습니다.

남편이 피해자에게 한 행동 아무리 다방에 근무하는 종업원이라 하더라도 그분의 인격을 존중하여야 할 사람이 이러한 행동을 하였다는 것에 대하여 마누라이면서 아내로서 먼저 피해자에게 용서를 빌고 검사님께 용서를 빌고 남편을 대신해 무릎을 꿇고 빌고 싶은 생각뿐입니다.

정말 죄송하고 부끄럽습니다.
저는 우리 남편이 이런 짓을 할 사람이 아닌데 이유여하를 불문하고 우리 남편이 못쓸 짓을 한 것은 맞습니다.
우리 남편의 잘못은 용서가 안 되고 엄벌로 다스려져야 합니다.

피의자가 우리 남편이 이런 사람인 줄 몰랐습니다.
꿈에서도 몰랐습니다.

(3) 은혜롭고 자비로우신 우리 검사님!

제가 하도 어이가 없고 남편의 행동이 이해가 되지 않아 남편에 게 사건 당일에 대해 알아보았는데 우리 남편은 어떤 업무와 관련하여 속이 상한 나머지 잘 마시지도 못하는 술을 점심도 먹지 않고 아마 빈속으로 소주와 막걸리를 썩어가며 많이 마신 바람에 그만 취기가 올라 평소에도 가끔 다방에서 커피를 주문해 마셨던 기억으로 다방에 커피를 주문하였고 그 종업원인 피해자께서 커피를 기지고 우리 남편이 일을 하는 곳으로 배달되어 한잔은 남편이 마시고 또 한잔은 여성분이 같이 마시면서 이런 저런 이야기를 하다가 그만 피해자가 농담을 하여 욕정을 억누르지 못하고 이 같은 행동을 한 것 같습니다.

저도 처음에는 남자들의 세계를 이해하지 못하고 술을 마신 사람을 이상하게만 보았던 경향이 없지는 않았습니다.

술을 많이 마신 우리 남편도 문제지만 술에 취한 사람 앞에서 농담으로 취기가 어느 정도 올라 예민한 상태에 있던 남편에게 요즈음 부인하고 매일하느냐, 나는 사장님 같은 타입을 좋아한다, 원한다면 줄 수도 있다는 성적충동을 유발시키는 농담을 한 피해자의 말을 듣는 순간 우리 남편은 그만 욕정을 억제하지 못하고 피해여성이 성관계를 허락한 것으로 착각하고 이러한 범행을 저지른 우리 남편을 두둔하고 잘했다는 것은 아니라 이해를 했습니다.

(4) 자비로우신 우리 검사님!

옛날에 우리 부모님들은 남녀를 유별하게 엄하게 가르치셨고 다 큰 남자여자를 한곳에 두고 잠을 재우지 않았던 기억이 납니다.

아무리 우리 남편이 술을 많이 마셨던 많이 마시지 않았던 우리 남편이 다방에 커피를 시켜 배달한 여성과 단둘이 있는데 여기서 여성분이 지금도 부인하고 관계를 하느냐, 나는 사장님 같은 분을 좋아한다, 원하면 줄 수도 있다는 농담을 하는데 욕정을 느끼지 않는다면 그 사람이 바보가 아니겠습니까.

우리 남편은 당시 술에 만취되어 피해자의 자극적인 농담을 진정으로 믿을 수도 있고 허락하는 것으로 알고 남편의 행동은 있을 수 있는 것이라고 생각이 듭니다.

물론 우리 남편이 절제하지 못하고 아이들과 가족을 생각해서 욕정을 억누르지 못한 것은 나쁘고 저 또한 남편을 원망할 수 있지만 남편은 다른 일로 기분이 많이 상해 술을 많이 마신 상태에서 피해자가 하는 농담을 듣는 순간 욕정으로 이어져 이러한 행동을 한 것을 처벌로서만 단죄할 것이 아니라 너그럽게 용서할 수 있는 일이라고 생각이 듭니다.

(5) 존경하는 우리 검사님!

이러한 우리 남편의 행동은 피해여성에게 용서를 빌고 사죄를 하는 것도 중요하겠지만 저는 평생을 함께 살고 아이들을 키우고 가르쳐야 하는 제가 먼저 용서를 해야 한다고 생각이 들었습니다.

저는 착한 우리 남편을 이미 용서했습니다.
남편의 부끄럽고 창피한 행동을 이해하고 검사님께 용서해 달라고 말씀을 올리고 나니 저는 악한 감정도 미웠던 감정도 서운했던 마음도 모두 잊을 수 있어 지금은 홀가분합니다.

정말 여자의 마음으로 남편의 행동 이해하기가 그리 쉽지는 않았습니다.

저는 우리 어린 아이들을 생각해서 우리 가족을 위해 불쌍한 우리 남편을 용서하기로 마음먹었습니다.

사회생활 하다보면 술을 먹고 해서는 안 되는 실수려니 생각하고 우리 가족을 위해 용서했습니다.

이제는 우리 아이들도 생각해야 하고 아이들의 아빠도 저도 생각해야 하는데 무슨 복이 없어서 우리 가족에게 이런 일을 겪어야 하는지 원망스럽습니다.

남자들이 주먹질하고 싸움을 했다면 용서할 수 있지만 수치스러운 짓을 한 남편을 용서하고 아내로서 진심으로 받아들인다는 것은 정말 쉬운 것은 아니라고 생각합니다.

(6) 자비로우신 우리 검사님!

물불 안 가리고 온 정열을 다 바쳐 바삐 뛰어다니지만 정작 자기 가슴의 소리를 놓치고 사는데 문제의 원인이 있기 때문입니다.

일이 잘되고 못되고는 우리 부부가 얼마만큼 가슴으로 소리를 듣고 따르느냐에 달려있습니다.

남들이 알아주는 엄청난 일을 해냈다 하더라도 우리 부부의 가슴 깊은 곳에서 하찮게 느끼고 있다면 세상에 그보다 허망한 일도 없다고 생각합니다.

우리 남편에게 단 한번만 기회를 주시면 우리 부부는 검사님의 뜻을 되새기고 절대 이러한 일 생기지 않게 하겠습니다.

절대 검사님의 기대에 저버리는 일 생기지 않게 하고 우리 남편 옆에서 항상 지켜보고 올바른 사람으로 이끌어 내고 내조하여 다시는 이런 일이 없도록 하겠습니다.

죄는 미워하시되 한 가정의 파탄을 그저 바라만 보시지 마시고 제발 이제부터라도 죄를 뉘우치고 사회에 헌신하며 바른길로 살아갈 수 있도록 우리 남편을 보살펴 주시고 용서해 주세요.

지금까지 가정주부로만 살아오면서 반평생을 의지해 온 남편이고 앞으로도 제가 의지할 곳은 남편 밖에 없습니다.

법 이전에 한 인간을 불쌍히 여기고 자비로우신 검사님의 판단이 피의자로 하여금 다시금 기회를 주시고 우리 아이들을 위해 허드렛일도 마다하지 않고 열심히 살아가는 탄원인에게 격려와 위안이 될 것이라고 믿어 의심치 않습니다.

우리 피고인에게 선처를 호소합니다.
검사님께서 판단하시는데 우리 온 가족의 운명이 달려있습니다.
부디 선처를 부탁드립니다.

소명자료 및 첨부서류

(1) 가족관계증명서   1통
(2) 탄원인의 인감증명서   1통

○○○○ 년 ○○ 월 ○○ 일

위 탄원인(피의자의 처) : ○ ○ ○   (인)

수원지검 000검사님 귀중

탄 원 서

탄 원 인 : ○   ○   ○

피 의 자 : ○   ○   ○

부산지방검찰청 OOO검사님 귀중

탄 원 서

1.탄 원 인

성　명	○ ○ ○		주민등록번호	생략
주　소	부산시 ○○구 ○○로 11길 ○○, ○○○-○○○호			
직　업	회사원	사무실 주　소	생략	
전　화	(휴대폰) 010 - 2789 - 0000			
피의자와의 관　계	본인입니다.			

2.탄원의 취지

　상기 탄원인은 부산지방검찰청 2014형제○○○○호 공공밀집장소에서의 강제추행 및 폭력사건의 피의자로써 아래와 같이 검사님께 탄원서를 제출하오니 선처해 주시기 바랍니다.

3.탄원의 요지

(1) 존경하는 검사님!

　먼저 사건 당일의 사건정황을 간단하게 설명을 드리겠습니다.

　저는 사건 당일 회사에서 저녁식사 겸 회식을 하면서 술에 취해서 지하철 에스컬레이터에서 깜박 졸아서 앞에 서있던 여성분의 등 부위를 제 이마가 살짝 닿았던 모양입니다.

　그 여성분은 왜 사람을 추행하고 그러냐며 고래고래 소리를 지르면서　저에게 욕설을 퍼붓는 바람에 전 영문도 모른 채 뭔 소리냐고 답변했고　에스컬레이터 계단 몇 칸 아래쪽에 있던 신랑이라는 사람이 좇아 와서 저를 밀치고 뭐라고 하여 넌 뭐냐고 멱살 잡고 한번 흔들었습니다.

그러는 중 에스컬레이터가 정상에 이르자 지하철역무원 및 공익근무요원 3명이 도착했고 개찰
구를 나오기 전에 여성분이 고래고래 욕설을 하면서 소리를 질러 내가 뭘 잘못했냐고 질문하
자 뒤에서 성추행하지 않았냐며 욕설을 또 해서 저는 주사도 없고 술에 취하면 잠자는 편입
니다.

존경하는 검사님!

만취한 상태에서 실수 할 수도 있습니다.
남들에게 한번 도 술 먹고 실수한적 없는 저로서는 욕설을 퍼붓고 저를 밀어붙이는 바람에 저
도 모르게 울분을 참지 못하고 공익요원들이 말리는 걸 뿌리치며 한대 때렸는데 역무원이 신
고하여 지구대를 거쳐 경찰서에서 조사를 받았습니다.

(2) 존경하는 검사님!

여성분은 경찰서 조사과정에서 제가 머리로 여성분의 등을 비비고 손으로 가슴을 만졌다고 진
술했습니다.

또 뒤에서 엉덩이를 만졌다고 주장하고 있습니다.

저는 만취한 상태에서 전혀 기억이 없고 깜박 졸면서 머리가 앞 사람의 등에 닿은 것 같다고
진술했습니다.

그리고 여자 분이 고래고래 소리를 지르면서 욕설을 퍼붓는 바람에 남편분하고 약간의 실랑이
를 벌이면서 옥신각신한 것은 기억이 나지만 누구를 때린 것은 기억이 나지 않습니다.

(3) 존경하는 검사님!

나중에 알게 된 것이지만 저에게 공중밀집장소에서의 강제추행 및 폭력이라는 죄명이라는 말을 듣고 깜짝 놀랐습니다.

술에 만취되어 기억이 나지 않고 모르는 일이라 도저히 이해가 되지 않아 지하철역으로 찾아가 CCTV를 보여 달라고 하였으나 전체의 내용은 보여주지 않아 CCTV를 살펴보았는데 여성분에게 추행했다는 장면은 어디에도 없었고, 멱살을 잡고 난동을 부렸다는 모습도 전혀 확인이 되지 않았습니다.

존경하는 검사님!

제가 술에 만취되어 에스컬레이터를 타고 올라가던 중 깜박 졸면서 앞에 서있는 여성분의 등에 제 이마가 닿은 것뿐인데 이것은 마치 저를 흉악범으로 몰아붙이는 피해여성분이나 남편분이 고래고래 소리를 지르고 저에게 욕설을 퍼붓는 바람에 저도 더 이상 참지 못하고 멱살을 잡는 싸움이 있었습니다.

(4) 존경하는 검사님!

제가 잘했다는 것은 아닙니다.

그렇다고 해서 제가 죽을죄를 진 것도 아닙니다.

당시 저는 만취 상태에 있었기 때문에 졸음을 이기지 못하고 그만 졸다가 실수로 앞에 서있던 여성분의 등에 이마가 살짝 닿은 것뿐인데 피해여성분은 저를 의도적인 성 추행범으로 몰아가고 만지지도 않은 엉덩이를 만졌다며 저를 파렴치한으로 몰아붙이는 것은 인정할 수 없습니다.

또 저는 앞에 있던 여성분께 술 취한 사람의 이마가 자신의 등에 닿았으니 기분은 그리 좋지 않았을 것으로 생각하고 미안하다고 정중히 사과를 했는데 남편과 합세하여 저의 실수가 사전에 계획된 행동으로 바뀌고, 마치 성추행을 일삼는 사람으로 비춰질 오해의 소지가 있다는 것에 대해서는 저의 양심과 인격상 도저히 용납할 수가 없어 이를 바로 잡기 위해 이렇게 염치불구하고 검사님께 호소하기에 이른 것입니다.

(5) 그러나 검사님께서 아시겠지만 에스컬레이터를 타고 올라가면서 가슴을 만질 수 있는 위치가 아닙니다.

깜박 졸면서 이마가 여성분의 등에 살짝 닿았는데 화들짝 놀라 비명을 지르는 바람에 저도 순간 정신을 차리고 미안하다고 했을 정도인데 엉덩이와 가슴을 만졌다는 주장은 도저히 이해가 되지 않는 대목입니다.

존경하는 검사님!

만취한 상태에서 그만 졸음을 참지 못하고 여성분에게 실수를 한 것은 정말 죄송하고 미안하게 생각합니다.

그렇다고 해서 하지도 않은 성 추행을 했다며 나이도 많은 사람에게 부부가 합심해서 욕설을 퍼붓고 멱살을 잡고 폭력을 행사하는 과정에서 제가 방어하면서 일어난 약간의 상처를 가지고 폭력을 운운하면서 무리한 합의금을 요구하는 등 저로서는 억울한 생각이 들어 검사님께 현명하신 판단을 다시 한 번 호소합니다.

(6) 존경하는 검사님!

저는 단연코 성 추행을 한 사실이 없습니다.
여성분과 남편과의 말다툼에서도 어떠한 폭력도 없었다는 사실은 분명히 하고 싶습니다.

따라서 여성분이 엉덩이를 만졌다, 가슴을 만졌다고 주장하는 추행에 대하여 존경하는 검사님께서 면밀히 검토하시어 진위여부를 분명히 밝혀주시기를 다시 한 번 부탁의 말씀드립니다.

부디 현명하신 판단을 간청 드립니다.

4.소명자료 및 첨부서류

 (1) 탄원인에 대한 인감증명서   1통

2014 년 ○○ 월 ○○ 일

위 탄원인 : ○ ○ ○   (인)

부산지방검찰청 000검사님 귀중

탄　　원　　서

탄　원　인 : ○　　○　　○

춘천지검 OOO검사 귀중

탄 원 서

1.탄원인(피의자)

성　　명	○ ○ ○		주민등록번호	생략
주　　소	강원도 춘천시 ○○로 ○○, ○○○-○○○호			
직　　업	학생	사무실 주　소	생략	
전　　화	(휴대폰) 010 - 4567 - 0000			
관　　계	피의자 본인입니다.			

2.탄원의 취지

상기 탄원인은 춘천지방검찰청 ○○○○형제○○○○호 교통사고처리특례법위반 피의사건의 피의자로서 ○○○검사님께 억울함을 호소하오니 치밀하게 재수사하여 누명을 밝혀 주시기 바랍니다.

3.탄원의 요지

(1) 존엄하신 검사님!

저는 강원대학교 전자공학과 3학년에 재학 중인 학생입니다.

○○○○. ○○. ○○. ○○:○○경 학교 기숙사로 친구 녀석이 놀러 와서 저녁시간을 함께 보내고 바람을 쐬자며 집에 있는 오토바이를 타고 드라이브를 했습니다.

시간은 자정을 조금 넘고 제가 있는 기숙사부근의 도로는 한산한편으로 오토바이드라이브는 기분을 내기 최고였습니다.

저는 친구를 뒤에 태우고 신나게 드라이브를 하고 있는데 저 앞쪽에 한 아주머니께서 자전거를 타고 가고 있었습니다.

(2) 현명하시고 존경하는 검사님!

저는 그 아주머니가 놀랠까봐 속도를 줄이고 천천히 그 옆을 지나쳤습니다.

그런데 그 아주머니는 우리를 쳐다보느라 그만 자전거가 기우는 것도 모르시고 도로 경계석에 부딪혀 옆으로 넘어졌습니다.

우리는 그 아주머니를 도우려고 가던 길을 되돌아와서 아주머니와 자전거를 일으켜 세우고 다친 곳은 없는지 물었습니다.

(3) 현명하신 검사님!

괜찮다고 하시던 그 아주머니는 길 건너로부터 순찰을 돌던 경찰차량을 보더니 갑자기 태도가 돌변하여 변했습니다.

소리를 지르며 우리가 들이 받아서 충격으로 넘어졌다는 것
입니다.

우리는 할 수 없이 경찰서에 가서 졸지에 야밤 오토바이 폭주족으로 몰리고 조사까지 받아야 했습니다.

순찰을 돌던 경찰관 아저씨는 우리가 부딪치지 않았다고 해도 막무가내로 자초지종을 따져보지도 않고 아주머니께서 자발적으로 넘어진 곳에 가서 확인도 해보지 않고 오토바이와 자전거가 부딪쳤다면 흔적이 어디에나 있을 텐데 이 또한 확인하지도 않고 무조건 우리를 몰아붙이고 의심을 했습니다.

(4) 정의로우신 검사님!

우리는 절대 그 아주머니를 치지 않았고 부딪치지도 않았습니다.

그 아주머니께서 요란한 소리가 들리자 우리가 타고 가던 오토바이를 쳐다 보시다가 그만 넘어지셨는데 상처도 없으시고 자전거도 멀쩡하게 아무런 이상이 없었습니다.

단지 한 동네에 살면서 저도 우리 친구도 부모님 모시고 살고 있는 학생으로 오토바이 소리에 놀라 쳐다보시다가 넘어지시는 바람에 도의적인 책임으로 모른 채하고 지나쳤을 수도 있는데 저만치 가다가 다시 되돌아와서 아주머니와 자전거를 일으켜 세우고 다친 곳은 없는지 물었던 것입니다.

(5) 자비로우신 검사님!

우리가 경찰관에게 자초지종을 설명을 드리고 조사를 받으면서 우리가 아주머니를 치지 않았다고 해도 그 옆에 계시던 아주머니께서는 사실이니까 아무 말씀도 하지 않고 가만히 계시는데 도대체 경찰관은 우리를 폭주족으로 몰고 아주머니를 치고 달아난 것으로 누명을 씌우고 있습니다.

존경하는 검사님 정말 저희는 너무 억울합니다.

잘못이 있다면 요란한 굉음을 내고 오토바이를 탄 죄만 있을 뿐입니다.

이런 오토바이 소리에 우리를 쳐다보시다가 넘어지셨는데 아무런 상처도 입지 않으셨고 자전거도 망가지지 않았습니다.

(6) 존경하는 검사님!

우리는 달리던 길을 되돌아와서 아주머니와 자전거를 일으켜 세우고 다친 곳은 없는지 물었는데 그 때 아주머니께서는 괜찮다고 하셨는데 마침 길 건너편으로 지나가던 순찰차량을 보는 순간 돌변하여 우리가 오토바이로 아주머니를 치는 바람에 넘어지셨다고 거짓말로 누명을 씌운 것입니다.

저와 우리 친구가 뒤에 타고 있었기 때문에 확인해 보시면 아시겠지만 하늘에 맹세코 자전거를 친 사실은 없습니다.

우리는 결백합니다.
절대 자전거를 부딪치지 않았습니다.

우리는 죄진 것 없이 누명을 쓰고 죄인이 된 것이 너무 억울하고 분한 생각이 들어서 밥맛도 없고 공부를 할 수가 없어서 검사님께 누명을 벗겨달라고 호소하기에 이른 것입니다.

(7) 현명하신 검사님!

결코 저희들은 아주머니를 부딪치지 않았습니다.

배우는 우리 학생들의 억울함에 귀 기울려 주시고 억울하게 누명을 쓴 것은 치밀한 재수사를 통하여 밝혀 주시기 바랍니다.

바로 저희들은 경찰서에서 조사를 받고 나오자마자 억울한 누명을 쓴 것이 분해서 이렇게 검사님께 누명을 벗겨 달라고 호소하기에 이른 것입니다.

우리들의 억울한 누명을 존경하는 검사님께서 벗겨 주시리라 믿고 열심히 공부만 하겠습니다.

정말이지 옛말 틀린 것이 없다는 생각이 절로 들었습니다.
그런데 정말 슬픈 일은 이 세상이 왜 이리 각박하냐는 것입니다.

남 도와주고 오히려 가해자로 몰릴 수 있는 세태가 너무 슬프고 실망스러웠습니다.

그러나 남을 돕는 것도 성격인지 몰라도 지금도 남의 도움이 필요한 사람을 보면 저나 우리 친구 역시 그냥 지나치질 못하고 나서야 하니 천성은 천성인가 봅니다.

부탁드립니다.

꼭 저희들의 억울함을 밝혀 주시리라 믿겠습니다.

안녕히 계십시오.

4.소명자료 및 첨부서류

(1) 재학증명서   1통

(2) 탄원인에 대한 인감증명서   1통

○○○○ 년 ○○ 월 ○○ 일

위 탄원인 : ○　○　○　　(인)

춘천지검 OOO검사 귀중

탄　원　서

사 건 번 호 : ○○○○고단○○○○호 교통사고처리특례법위반

피 고 인 : ○　　○　　○

탄 원 인 : ○　　○　　○

창원지법 형사2단독귀중

탄 원 서

1.탄원인

성 명	○ ○ ○	주민등록번호	생략
주 소	창원시 ○○구 ○○로 ○길 ○○, ○○○호		
직 업	사업	사무실 주 소	생략
전 화	(휴대폰) 010 - 3422 - 0000		
기타사항	창원지방법원 ○○○○고단○○○○호 교통사고 처리특례법위반 피고사건		

상기 탄원인은 창원지방법원 ○○○○고단○○○○호 교통사고처리특례법위반 피고사건의 피고인으로서 아래와 같은 사유로 재판장님께 탄원서를 제출하오니 부디 피고인을 선처해 주시기 바랍니다.

(1) 존경하는 우리 재판장님께 드립니다!

먼저 존경하는 재판장님께서 항상 사법적 정의구현 노력에 깊은 감사의 말씀부터 올립니다.

저는 ○○○○. ○○. ○○. ○○:○○ 제○○호 법정에서 재판장님께 교통사고처리특례법위반 죄명으로 공판을 앞두고 있는 피고인 ○○○입니다.

피고인은 창원시 ○○구 ○○로 ○○○에서 태권도학원을 운영하고 있습니다.

파고인은 평소에도 학원에서 업무를 보고 점심때가 되면 ○○로에 있는 집으로 가서 점심을 먹고 다시 학원으로 와서 아이들을 가르치고 퇴근을 하고 있습니다.

(2) 자비로우신 우리 재판장님!

○○○○. ○○. ○○. 수요일 오후 2시 조금 넘어서 피고인은 평소처럼 집에서 점심을 먹고 피고인이 운영하는 학원으로 나오다가 ○○로를 넘어 코너를 돌아 내려오는 중 앞을 보지 않은 채 중앙선을 넘어 오는 작은 오토바이를 발견했습니다.

순간 피고인은 아찔했습니다.

피고인은 순간 판단이 흐려지고 당황할 수밖에 없었습니다.

피고인은 뭐지 내가 뭘 잘못 봤나 하는 순간에도 차는 계속 굴러가고 있었고 순식간에 여러 생각이 들었고 클랙션을 계속해서 눌러도 중앙선을 넘어온 오토바이를 피하긴 너무 늦었다는 생각이 들었는데 더구나 앞을 보지 않은 채 오는 도중인데 놀라서 당황해 넘어지기라도 하면 더 상황이 안 좋을 수도 있겠다는 생각으로 브레이크를 밟으면서 최대한 차를 길가로 붙여서 세웠습니다.

(3) 현명하시고 존엄하신 우리 재판장님!

그러나 피고인은 오토바이를 완전히 피하지는 못했고 별 수 없이 오토바이와 약간 스치는 바람에 피고인의 차량 앞부분 백미러가 부러지고 오토바이는 그대로 지나갔습니다.

저는 즉시 차를 세우고보니 오토바이의 운전자는 어린 학생인데 그로 쭈뼛쭈뼛 가려고 하고 있었습니다.

피고인은 뭔가 이것은 아니지 싶어서 뺑소니로 몰릴 수 있다는 생각도 들고 학생은 아직 오토바이에서 내리지 않은 채로 정지해 있는 상태인데 피고인이 뛰어간다고 잡을 수 있을까 우려도 들었는데 학생이 그 무렵 오토바이에서 내려서 피고인이 있는 곳으로 내려왔습니다.

피고인은 처음 보는 학생이었습니다.

피고인이 학생의 모습을 살펴보니까 많이 다친 것 같지는 않았습니다.

(4) 자비로우신 우리 재판장님!

그래도 피고인은 인정상 얼마나 다쳤느냐고 묻고 병원에는 안가도 되겠냐고 묻고 앞도 안보고 그렇게 중앙선을 넘어오면 어떡하니 하니까 학생은 생각 외로 맹랑하데요.

안 넘어왔는데요.
그럼 내가 너랑 부딪치면서 난 자국이 어떻게 길 바깥쪽으로 나있냐고 하니까 어린 학생은 그때서야 말을 하지 못했습니다.

다그친다고 해결될 일도 아니고 피고인은 먼저 학생의 팔에 눈길이 갔습니다. 많이 다쳤니 팔에는 작은 상처가 있었습니다.

피고인은 학생이 놀랐을 거 같아 일단 학생에게 물어서 학생의 아버지에게 연락을 하고 피고인도 보험회사에 연락을 했습니다.

(5) 은혜롭고 정의로우신 재판장님!

피고인이 보험회사 직원을 기다리고 있던 중 빗방울이 떨기 시작해 학생에게 추우니까 피고인의 차에 들어가 있으라고 했는데 차에 타지 않았습니다.
피고인도 비를 맞으면서 증거사진을 몇 장 찍었습니다.

얼마 후 연락을 받은 학생의 아버지가 보험회사 보다 먼저 사고현장으로 왔습니다.

얼마 인 있어서 보험회사도 왔습니다.

보험회사는 무성의하게 사진 몇 장만 찍고 학생의 인적사항도 묻지 않고 가라고 해서 피고인이 어 그냥 보내도 되는지 물어보았습니다.

그런데 학생의 아버지가 노발대발하면서 사고 접수하고 지금 애가 다쳤는데 병원에 가지 말라는 말이냐며 심하게 화를 냈습니다.

(6) 존경하는 우리 재판장님!

저는 그 다음날 점심을 집에 가서 조금 일찍 먹고 학생이 사는 집에 가보았습니다.

어른들은 안 계시고 그 학생이 문을 열어주는데 팔이 좀 부었고 일회용 밴드를 팔에 하나 손에 세 개 붙였습니다.

피고인도 자식 키우는 입장에서 잘잘못을 떠나 정말 마음이 아팠습니다.

피고인이 왜 그랬어? 하고 학생에게 물었더니 학생은 그냥 싱긋 웃더군요. 병원은 갔다 왔고 했더니 갔다 왔다고 해서 그렇게 지나가는 듯 했습니다.

(7) 정의로우신 재판장님!

2주쯤 지나서 탄원인이 가입한 보험회사의 홈페이지에 들어가 봤더니 처리완료로 되어 있었습니다.

그래서 이상하다고 생각하고 학생이야 본능적으로 자신의 실수를 인정하고 싶지 않을 수 있겠지만 보험회사 직원이 처리를 제대로 했더라면 이렇게 오래 끌지 않고 말끔하게 해결할 수 있었을 거란 생각이 자꾸 들었습니다.

피고인의 차량의 스키즈마크와 차선 안에 많이 떨어진 오토바이의 파편만 정확히 사진을 찍었어도 잘잘못을 가릴 것 없이 확실하게 판가름이 났을 텐데요 보험회사 직원은 피고인 차량의 스키즈마크는 찍지도 않았고 오토바이 파편도 가장 많은 지점인 차선 안에도 찍지도 않고 큰 거 하나 떨어진 학생의 차선만 찍었습니다.

학생에게 불이익이 가는 것을 피고인은 원하지 않습니다.

다만, 피고인이 피해자였다는 것을 인정받고 싶은 생각뿐입니다. 만약, 학생의 아버지께서 면허도 없는 아이에게 오토바이를 내 줘서 사고가 나 미안하게 됐다며 미안하게 생각했다면 피고인도 치료도 해주고 말았을 텐데 대한민국은 법치국가입니다.

법을 따르고 지키면서 바르게 운전한 피고인이 보호를 받아야 마땅하다고 생각합니다.

(8) 존경하는 우리 재판장님!

결코 피고인은 피해자이지 가해자가 아닙니다.

피고인이 중앙선을 넘어간 것이 아니라 오토바이를 운전하던 학생이 중앙선을 넘어왔습니다.
그리고 학생의 아버지가 주장하는 위치에서 사고가 났다면 가장 많은 파편이 있었던 바로 반대편 차선 위치에 오토바이의 파편이 있을 수가 없습니다.

그런데 적반하장으로 피고인이 중앙선을 넘어와 사고를 낸 가해자로 둔갑되어 있었고, 피고인의 차량의 백미러와 오토바이의 손잡이가 비껴서 갔으니 그 부분은 피고인의 차로 덮쳐 있었던 상황이니까요. 상대방의 말이 사실이라면 서로가 이동 중이었으니 물체가 운동 상태를 유지하려고 하는 관성의 법칙에 따라 아마 조금은 더 상대방의 차선으로 파편이 떨어져 있었을 것입니다.

(9) 존경하는 우리 재판장님!

피고인이 잘못을 한 것이 있다면 처벌을 달게 받겠습니다만, 피고인은 이 사건과 관련하여 피해자이지 가해자가 아닙니다.

이제 와서 피고인이 중앙선을 넘어와 피해자 학생을 부딪친 것으로 고소를 당하고 재판을 받아야 하고 손해배상을 해야 할 이유가 없다고 봅니다.

그리고 피해자 학생 측이 주장하는 그 방향과 피고인의 바퀴자국이 전혀 맞지 않습니다. 상대방의 주장은 한마디로 억지주장에 불과하오니 이 사건의 공소사실은 범죄사실의 증명이 없는 때에 해당하므로 형사소송법 제325조 후단에 의하여 무죄를 선고하여 주시기 바랍니다.

2.소명자료 및 첨부서류

(1) 탄원인에 대한 인감증명서   1통

○○○○ 년 ○○ 월 ○○ 일

위 탄원인 : ○ ○ ○   (인)

창원지법 형사2단독귀중

탄 원 서

사 건 번 호 : ○○○○고단○○○○호 업무상배임

피 고 인 : ○   ○   ○

탄 원 인 : ○   ○   ○

부산지법 형사6단독 귀중

탄 원 서

1.탄원인

성　명	○ ○ ○	주민등록번호	생략
주　소	부산시 ○○구 ○○로 ○○길 ○○, ○○○호		
직　업	기사	사무실 주　소	생략
전　화	(휴대폰) 010 - 1789 - 0000		
기타사항	부산지방법원 ○○○○고단○○○○호 업무상배임 피고사건		

상기 탄원인은 부산지방법원 ○○○○고단○○○○호 업무상배임 피고사건의 피고인 ○○○에 대한 지인으로서 아래와 같이 애틋한 사유로 재판장님께 탄원서를 제출하오니 부디 피고인에게 선처해 주시기 바랍니다.

(1) 존경하는 재판장님께 올리는 탄원서입니다.

　　먼저 존경하는 재판장님께서 항상 사법적 정의구현 노력에 깊은 감사의 말씀을 드립니다.

　　제가 감히 고명하신 재판장님께 저의 입장을 밝히고 선처를 부탁드리는 것을 허용해 주시리라 믿고 싶습니다.

　　제가 재판장님께 탄원서를 작성해 선처를 호소하는 것은 누구로부터 부탁을 받거나 타의적으로 작성한 것이 절대 아니며 이 탄원서는 전적으로 저의 내면에서 우러나오는 자발성에서 이뤄진 것임을 분명히 말씀을 올립니다.

(2) 정의로우신 우리 재판장님!

저는 18년 전에 친동생이 자동차사고가 나는 바람에 부산진경찰서에서 조사를 받고 유치되었을 때 그 당시 담당 경찰관이었던 피고인을 만나 저와 이름도 비슷하고 성격이 마음이 들어 우리는 자주 만나는 사이가 되었습니다.

당시 피고인은 따듯하고 인간적인 배려와 어려운 처지에 놓인 저를 도와주고 조언해주어 우리는 정말 친형제간 이상으로 끈끈한 의형제로 살았습니다.

그 후로 우리는 연락이 두절된 상태에서 서로의 안부조차 몰랐습니다.

저는 사업에 실패하고 부산 전포동에 있는 나이트클럽에서 대리운전기사로 얻는 수입으로 생계를 꾸려가다가 이제는 택시 기사로서 모범운전자가 되어 사회봉사를 하기 시작하여 동료기사의 아들이 선천성 심장병으로 수술을 긴급하게 받아야 하는데 수술비가 없어서 아들의 수술을 못해주며 애를 태우는 사정을 보고 당시 택시 내에서 손님을 상대로 동전모금 운동을 하며 재활원 원생들을 도와오고 있었기 때문에 우리 모범운전자 택시들이 저와 같이 동전모금을 다 같이 몇 달 동안 한다면 동료기사의 아들 심장병수술을 받을 수 있게 할 수 있겠다고 생각을 하게 되었습니다.

(3) 자비로우신 우리 재판장님!

이와 같은 계획을 택시조합의 임원회에 상정하였고 임원회에서도 좋다고 만장일치로 의결되었으나 최종 결재권자 회장님의 불허로 부결되어 뜻을 이루지 못하고 이에 동조하던 택시기사 몇몇 분의 동의를 받아 모범운전자회에서 탈퇴하여 "사랑나무 봉사대"를 창립하여 무에서 유를 창출하기 위해 탄원인의 택시영업보다 단체와 새 생명 살리기 운동에 적극적으로 활동하여 심장병·백혈병 어린이 200여명에 대한 새 생명을 살려내는 역할로 사회봉사활동을 함으로써 ○○○○년에는 전국봉사한마음대회에서 300만 명의 봉사단원 중에서 최우수 단체로 대한민국 봉사부분 최우수 단체 표창을 받기까지 하였습니다.

(4) 은혜로우신 우리 재판장님!

우연히 택시영업을 하던 중 근처 식당으로 들어가 밥을 주문했는데 그곳 식당 주방에서 그릇을 행구고 허드렛일을 하는 의형제처럼 지내던 피고인의 처를 보았습니다.

탄원인은 영문도 모르고 주방으로 달려 들어가 피고인의 처를 데리고 가까운 제과점으로 무조건 모시고 갔습니다.

피고인의 처로부터 피고인에 대한 자초지종을 전해 듣고 눈앞이 캄캄하고 가슴이 아파서 이렇게 염치불구하고 탄원인이 피고인의 가족에게 도움을 줄 수 있는 것은 이것밖에 없다는 생각만 하고 존경하는 재판장님께 피고인의 선처를 호소하게 된 것입니다.

(5) 은혜롭고 자비로우신 재판장님!

저는 그길로 부산구치소로 달려가 피고인을 면회했습니다.

피고인은 1년이 다 되도록 구속되었으므로 가정형편이 어려워서 변호사도 선임하지 못하고 집에서는 끼니를 걱정할 정도로 형편이 매우 열악하다는 사실을 알았습니다.

탄원인을 만난 피고인은 그래도 자신의 처와 어린 아이들을 잘 보살펴달라고 오히려 부탁하면서 많이 괴로워하고 있었습니다.
많은 것을 깊이 뉘우치고 반성하는 모습을 보았습니다.
피고인은 항상 남을 베려하고 베풀며 살아온 정말 좋은 친구였는데 막상 구속이 되고 어려움을 겪게 되어도 누구 하나 의논할 상대로 도움을 주는 이가 없어 정말 쓸쓸해 보였습니다.

저 역시 가지고 있는 돈이 없고 하루를 벌어 하루를 먹고사는 처지라 하는 수 없이 카드사로 달려가 신용카드를 발급받아 대출을 받은 돈으로 우선 피고인의 억울한 점을 벗기기 위해 변호사를 선임했습니다.

(6) 존경하는 우리 재판장님!

그리고는 피고인의 처자식이 사는 집을 수소문 끝에 찾아갔는데 정말 어렵게 살고 있었고 피고인이 석방될 때까지 탄원인이 남편의 자격은 없지만 임시 가장으로서 피고인의 처자식을 돌보기로 하고 돕고는 있지만 그래도 피고인 보다는 저의 형편이 훨씬 좋다는 생각을 하면

제가 너무나 무심했던 것 같아 피고인에게 미안한 마음까지 듭니다.

탄원인으로서는 법도 잘 모릅니다.

그렇다고 해서 피고인이 뭐가 억울하다는 것인지 사건을 잘 알지 못해 뭐라고 말씀드리기는 뭐하지만 피고인이 사람을 때려죽이고 용서받지 못할 파렴치한 죄를 범하지만 않았다면 이번에 한하여 용서해 주시고 선처해 주셨으면 좋겠습니다.

제가 아는 피고인은 법인 없어도 사는 그런 사람입니다.
이는 필시 잘못되었거나 이유가 있었다고 봅니다.

(7) 은혜롭고 자비로우신 재판장님!
우리 피고인에 대한 선처를 다 시 한번 호소합니다.
법 이전에 한 인간을 불쌍히 여기고 자비로우신 재판장님의 판결이, 피고인으로 하여금 다시금 기회를 주시고 어린 아이들과 식당에서 허드렛일을 하고 있는 피고인의 처에게 격려와 위안이 될 것이라고 믿어 의심치 않습니다.

존경하는 재판장님께 또다시 선처를 호소합니다.
피고인에게 법이 허용하는 최대한의 관용을 베풀어 주십시오.

부디 피고인에게 선처를 호소합니다.
다시 한 번 피고인에게 좋은 계기가 될 수 있는 선처를 간곡히 호소합니다.

존경하옵는 우리 재판장님께서 피고인에게 너그러우신 선처와 한 치도 억울한 일이 없도록 법보다 인의와 정의로 한가정의 기둥인 피고인을 위해 현명하신 판단을 해 주시리라 믿겠습니다.

소명자료 및 첨부서류

(1) 탄원인에 대한 임감증명서   1통
(2) 카드대출금명세서   1부

○○○○ 년 ○○ 월 ○○ 일

위 탄원인 : ○ ○ ○ (인)

부산지법 형사6단독 귀중

탄　원　서

사 건 번 호 ： ○○○○형제○○○○호　 청소년보호법위반

피 　고 　인 ： ○　　○　　○

탄 　원 　인 ： ○　　○　　○

수원지검 ○○○검사 귀중

탄　원　서

1.탄원인

성　명	○　○　○	주민등록번호	생략
주　소	수원시 ○○구 ○○로 ○○, ○○○-○○○호		
직　업	주부	사무실 주　소	생략
전　화	(휴대폰) 010 - 1289 - 0000		
기타사항	수원지검 ○○○○형제○○○○호 청소년보호법 위반		

상기 탄원인은 수원지방검찰청 ○○○○형제○○○○호 청소년보호법위반 피의사건의 피의자 ○○○에 대한 처로서 아래와 같은 사유로 검사님께 탄원서를 제출하오니 부디 피의자를 선처해 주시기 바랍니다.

(1) 존경하는 검사님께 드립니다!

　　탄원인은 현재 ○○○검사님으로로부터 조사 중에 있는 ○○○○형제○○○○호 사기 피의사건의 피의자 ○○○의 처 ○○○입니다.

　　탄원인은 평택에서 조금 떨어진 안중이라는 곳에서 태어나 여자상업고등학교를 졸업하고 평택에 있는 ○○협동조합에 근무하면서 이곳에 근무하는 남편인 피의자를 만나 결혼하고 슬하에 1남 1녀를 데리고 안성에서 살고 있습니다.

　　탄원인은 결혼하고 얼마가지 않아 첫아이를 가진 후 사직하고 남편은 계속 근무하다가 최근까지만 해도 평택에서 이곳 안성으로 근무지를 옮겨 근무하던 중 ○○협동조합을 그만두고 안성에서 사회에서 만난 친구 분하고 수원시 장안구 ○○로 ○○, 소재에서　○○호프집을 차려 영업을 시작했습니다.

(2) 존경하옵는 우리 검사님!

탄원인도 남편이 직장생활을 하면서 벌어오는 수입보다는 호프집을 운영하면 수입이 좋을 것으로 믿고 친정집과 시집에서 돈을 차용하여 가게보증금을 내고 인테리어비용은 저희가 살던 아파트를 팔아 지금 사는 집으로 옮기면서 보증금 500만원에 월 50만원 주고 사글세를 살고 나머지까지 모두 호프집에 투자했습니다.

탄원인도 주방에서 일하고 남편을 도왔고 남편과 그 친구 분은 홀에서 열심히 장사를 했습니다.

남편은 장사에 경험이 없었기 때문에 호프집을 어떻게 운영해야 할지 잘 몰랐습니다.

친구 분은 장사에 경험이 많은 것 같았는데 절대 영업에 앞장을 서는 일이 없이 투자할 돈도 투자하지 않고 형식은 동업이지 친구 분은 투자를 하지 않고 가게에 놀러 오는 것 같은 느낌도 받았습니다.

친구 분은 책임감이 없었고 툭하면 남편에게 미루고 남편은 친구 분이 시키는 대로 일만하고 모든 명의는 남편의 이름으로 영업을 해왔습니다.

(3) 정의로우신 우리 검사님!

그러던 중 남편은 결국 친구 분께서 말하는 대로 영업을 하다가 미성년자를 고용하고 술을 팔았다는 이유로 남편은 구속되어 지금 조사를 받고 있고, 가게는 영업정지에 얼마가지 못해 영업허가도 취소되고 문을 닫고 말았습니다.

영업허가명의만 남편의 이름으로 되어 있지만 실제 불법영업은 모두 그 친구 분께서 다했습니다.

남편은 가게에 투자한 돈은 돈대로 고스란히 다 날리고 구속되었고, 가정은 파탄지경에 이르렀고 탄원인이 어린 아이들을 대리고 살고 있는 사글세방은 월세를 6개월 동안 내지 못해 집주인께서 집을 비워달라고 하고 있으므로 탄원인과 어린아이들이 머지않아 길거리로 쫓겨나게 생겼습니다.

존경하옵는 검사님께서 우리 남편의 처분결과에 따라 우리 가족의 생계가 달려있습니다.

(4) 존경하옵는 검사님!

저는 어린 아이들이 잘 무렵 24시간 영업하는 식당에 가서 부엌에서 아침 8시까지 일해주고 번 돈으로 아이들에게 밥을 해주면 자식들 목구멍에 밥 넘어가는 소리가 가장 행복한 소리로 들립니다.

비록 넉넉하지는 않았어도 아이들과 남편과 탄원인이 밥상을 마주하고 앉아 밥그릇과 수저를 부딪쳐가며 웃으며 식사하던 때 그 소리가 그립고 미우나 고우나 남편이 그렇게 보고 싶고 어린 아이들까지 이제는 남편을 그렇게 찾고 있습니다.

우리 남편은 이런 영업을 해보지 못해 아는 것이 없습니다.
제가 교도소로 남편을 면회 갔는데 남편은 참회의 눈물을 흘리면서 뼈저리게 뉘우치고 반성하고 있었습니다.

우리 부부는 이번 일로 인하여 많은 것을 깨달았습니다.

열심히 산다는 것은 행복을 꿈꾸고 행복을 기다리는 일이라고 말입니다.

저의 부부는 평소 너무 시시하다고 또는 너무 흔하다고 소홀히 대하고 탐탁찮게 여겼던 순간들을 다 잊어버리고 새로운 행복을 찾아 열심히 노력하기로 다짐했습니다.

(5) 은혜로우신 검사님!

남편은 허욕으로 당치도 않은 거창한 것을 찾으려다 소중한 전 재산을 안개같이 흩어지고 무지개처럼 모두 사라지고 말았습니다.

저는 절망하는 남편에게 식사조차 스스로 해결하지 못하고 대소변까지 남의 손을 빌려야 하는 그런 분들에 비하면 우리 부부의 역경은 아무것도 아니므로 힘내자고 용기를 주고 왔습니다.

저는 일을 마치고 남편 없는 집으로 들어가면 어린 아이들에게 툭하면 잔소리를 하지만 그 잔소리가 아이들에게 살아가는 힘이 되고 축복의 응원가임을 알게 해 줄 것입니다.
우리 남편이 범한 죄는 아마 전혀 모르고 한 짓입니다.

남편은 면회한 저에게 그 동안 많은 것을 뉘우치고 깨닫고 반성하는 모습을 보였습니다.

(6) 자비로우신 우리 검사님!

정말 힘들게 생활하는 탄원인과 우리 어린 아이들 아무것도 모르고 아버지만 애타게 찾다가 흘린 눈물이 잠이 들어 말라버리는 불쌍한 아이들을 헤아려 주시고 저의 남편에게 관용을 베풀어 가족의 품으로 하루속히 보내 주셨으면 하는 마음 간절합니다.

탄원인과 어린 아이들을 위해 우리 남편인 피의자에게 은전을 베풀어 주시면 이 은혜 평생 동안 가슴속에 잊지 않고 간직하고 있다가 꼭 보답하겠습니다.
우리 사랑하는 남편 나오면 정말 좋은 일 더 많이 하고 항상 남에게 베풀면서 우리 어린아이들 잘 키우고 행복하게 잘 살겠습니다.

그럼 검사님의 건강과 온 가족 모두 평강하시길 기원하겠습니다. 대단히 감사합니다.
안녕히 계십시오.

2.소명자료 및 첨부서류

(1) 가족관계증명서   1부
(2) 탄원인의 인감증명서   1통

○○○○ 년 ○○ 월 ○○ 일

위 탄원인 : ○ ○ ○   (인)

수원지검 000검사 귀중

【서식】 노모가 구속된 피고인을 재판장님께 선처해 하루속히 석방호소

탄   원   서

탄 원 인 : ○   ○   ○

청주지방법원 제2형사부 귀중

탄　원　서

1. 탄 원 인

성　명	○ ○ ○	주민등록번호	생략
주　소	청주시 ○○구 ○○로 3길 ○○, ○○○-○○○호		
직　업	회사원	사무실 주　소 / 생략	
전　화	(휴대폰) 010 - 1267 - 0000		
기타사항	청주지방법원 ○○○○나○○○○호 항소사건		

2. 탄원의 내용

　상기 탄원인은 청주지방법원 ○○○○나○○○○호 항소 제○부에서 재판 중인 수감자(수형번호 제○○○○호)이며, 피고인 ○○○의 어머니로서 절박한 사정으로 탄원하오니 부디 피고인을 선처해 주시기 바랍니다.

(1) 존경하는 재판장님께 올립니다.

　　탄원인은 하나밖에 없는 아들인 피고인과 살다가 피고인이 구속되는 바람에 현재 외롭게 홀로 살아가고 있습니다.

　　피고인을 범법자로 만든 것은 한마디로 이 어미에게 있습니다.
　　피고인은 아무런 잘못이 없으니 대신 이 못난 어미를 벌하여 주십시오!

　　피고인은 다른 집 자식들과 마찬가지로 예절바르고 착한 아들이었는데 모든 것이 이 못난 어미의 가정파탄과 무지가 그렇게 만들어 버리고 말았습니다.

(2) 자비롭고 은혜로우신 우리 재판장님!

잠시 피고인이 범법자가 되기까지의 경위를 간단하게 말씀 드리겠습니다.

그러니까 피고인이 중학교 1학년 때 탄원인은 남편과의 성격차이로 끝내 이혼을 하게 되었는데 한창 감수성이 예민했던 피고인은 그만 실의에 찬 시선으로 점점 말이 없는 아이로 변해가고 있었습니다.

그러나 이 어미의 말은 누구보다도 착실하게 말대꾸 한 번 없이 착하게 자라왔는데 어느 날 범죄인이 되어 교도소에 들어가 있는 사실도 뒤늦게 알게 되어 하늘이 무너져 내리는 충격으로 혼절한 몇 달 뒤, 사랑하는 아들로부터 때늦은 후회와 회한이 담긴 내용으로 한 통의 편지가 저에게 날아들었습니다.

(3) 자비로우신 우리 재판장님!

숱한 세월이 흐른 이제 철이 들고 보니 그 동안 불효로 살아왔던 지난날들이 원망스럽다며 구절구절 눈물로 얼룩진 사연들로 탄원인에게 마지막 효도를 하겠다고 하는 내용들이었습니다.

자식 키우는 어미의 심정, 그 무엇으로 다 표현하리까마는 이렇듯 못난 어미의 가슴을 갈기갈기 찢어지는 아픔을 아무도 모를 것 입니다.

탄원인은 현재 고칠 수도 없는 가슴앓이 병으로 숱한 날을 지새우며 우리 피고인이 돌아오기만을 학수고대 하다 이제는 바람 앞에 등불이 된지도 오래되었습니다.

탄원인의 마지막 소원이오니 피고인을 이제 이 못난 어미의 품으로 돌려보내 주셨으면 원이 없겠습니다.

(4) 존경하는 우리 재판장님!

피고인도 교도소로 면회한 탄원인에게 맹세를 하였습니다.
하루속히 가족의 품으로 돌아와 자신이 저지른 피해금액에 대해 피해자를 찾아가 백배사죄하면서 그 변제 금을 다달이 갚아나갈 것이 라고 이 어미에게 굳게 약속까지 하였습니다.

탄원인 또한 피고인이 하는 일 적극적으로 돕고 힘을 모아 주고 싶습니다.

내 사랑하는 아들이 하는 일이라면 뒤에서 힘이 되어 주고 싶습니다.

탄원인은 불의의 사고로 인하여 거동도 불편합니다.
날씨도 쌀쌀해지니 피고인 생각으로 밤이면 잠도 제대로 자지 못하고 매일 뜬눈으로 밤을 새고 있습니다.

뜬눈으로 밤을 새고 불편한 몸으로 아침 일찍부터 피고인이 있는 교도소로 가서 면회하고 돌아오면 저녁인데도 아무도 없는 집에 들어가기가 싫습니다.

피고인이 너무 보고 싶습니다.
저 불쌍한 노모 좀 도와주세요.
혼자서 살아가기가 너무나 힘이 듭니다.

(5) 은혜로우신 우리 재판장님!

비록 가난하고 배우지 못한 탄원인의 아들로 태어나 일시 방황하다가 이제 마지막으로 효도를 하겠다며 굳은 결의로 맹서하는 피고인을 불쌍하게 여기시고 갸륵한 효심을 참작하시어 최대한의 관용으로 선처를 구하고자 이렇게 모정의 정으로 이 탄원의 글을 올립니다.
부디 탄원인의 절박한 사정을 헤아려 주시고 피고인을 하루속히 석방해 주시기 바랍니다.

앞으로는 제가 죽는 날까지 우리 피고인을 옆에 두고 다시는 이런 일이 생기지 않도록 하겠습니다.

탄원인이 부모로서 피고인에게 너무 무심해서 이런 일이 생긴 것 같아 정말 가슴이 갈기갈기 찢어지는 것 같습니다.
죄송합니다.
정말 죄송합니다.

(6) 자비로우신 우리 재판장님!

우리 아들인 피고인에게 한번 만 기회를 주셨으면 합니다.
피고인이 돌아오면 제가 항상 옆에 붙어서 피고인을 감시하여 이런 일 없도록 하겠습니다.

피고인에게 다시는 이런 일 없게 할 자신이 있습니다.
저는 피고인을 삐뚤어지지 않도록 바른 길로 인도할 자신도 생겼습니다.

탄원인은 우리 아들과 함께 사는 것이 저의 마지막 소원입니다.

부디 우리 아들에게 선처를 호소합니다.
그럼 재판장님의 건강과 온 가족 모두의 평강을 기원합니다.
부탁드립니다.

3.소명자료 및 첨부서류

(1) 가족관계증명서   1부
(2) 탄원인에 대한 인감증명서   1부

○○○○ 년 ○○ 월 ○○ 일

위 탄원인 : ○ ○ ○   (인)

청주지방법원 제2형사부 귀중

탄 원 서

사 건 번 호 : ○○○○고단○○○○호 명예훼손 등

피 고 인 : ○   ○   ○

탄 원 인 : ○   ○   ○

광주지법 형사2단독귀중

탄 원 서

1.탄원인

성 명	○ ○ ○	주민등록번호	생략
주 소	광주광역시 ○○구 ○○로 ○길 ○○, ○○○호		
직 업	목사	사무실 주 소	생략
전 화	(휴대폰) 010 - 1278 - 0000		
기타사항	광주지방법원 ○○○○고단○○○○호 명예훼손 등 피고사건		

상기 탄원인은 광주지방법원 ○○○○고단○○○○호 명예훼손 등 피고사건의 피고인 ○○○의 지인으로서 아래와 같은 사유로 재판장님께 탄원서를 제출하오니 부디 피고인을 선처해 주시기 바랍니다.

(1) 존경하는 우리 재판장님께 드립니다!

먼저 존경하는 재판장님께서 항상 사법적 정의구현 노력에 깊은 감사의 말씀부터 올립니다.

탄원인은 재판장님 앞에서 명예훼손 등으로 공판을 앞두고 있는 피고인 ○○○의 지인이자 교수로 목자들을 가르치는 사람입니다.

제가 재판장님께 피고인의 선처를 호소하고 탄원서를 쓰게 된 것은 누구로부터 부탁을 받거나 타의적으로 작성한 것이 절대 아니며 이 탄원서는 전적으로 저의 내면에서 우러나오는 자발성에서 이뤄진 것임을 분명히 말씀드립니다.

우리 ○○대학교는 광주광역시 ○○구에 위치한 사회의 영적인 지도자를 양성하기 위해 기독교인들의 기도와 성금으로 설립된 공공의 교육자산입니다.

그럼에도 일부 이사들이 자신들의 임기를 70세라는 종신에 가깝도록 늘려놓고 여타 영향력 있는 교계 지도자 및 단체들은 운영진에서 원천배제 해놓고 공공자산을 사유화하고 있습니다.

(2) 은혜롭고 자비로우신 우리 재판장님!

학교를 개인기업처럼 한손에 쥐락펴락 해왔고 이는 학교의 설립정신에도 배치될 뿐만 아니라 학생들의 자유정신을 질식시키는 반교육적 행태이기에 여러 가지 잡음이 양산되어왔습니다.

자유로운 학풍과 면학분위기 조성을 통해 학문탐구와 진리추구를 도와야 할 이들이 오히려 학생과 교수들의 비판정신과 자유의지를 억압하고 불법적 행태를 일삼아 사회모범을 스스로 포기하여 일개 개인기업 수준으로 우리 ○○대학교를 전락시켰습니다.

대규모 학교공사를 임의수의계약으로 발주하는 위법을 거듭 자행하여 교육부로부터 위법성을 지적받았는가 하면 학교공금을 임의로 개인통장으로 이체시켜 카드대금 결제에 사용하여 배임 행위를 스스럼없이 저질렀습니다.

(3) 존경하는 우리 재판장님!

이런 일들은 영적가치를 으뜸으로 여기는 우리 ○○대학교의 모든 구성원들의 자존심에 깊은 상처를 남기고 있으며 현재도 자신들의 억압적이고 불법적인 행태를 뉘우치기 보다는 여전히 고소고발 및 민사소송이라는 무리한 소송 전을 남발하여 동문들의 입에 재갈을 물리려 하고 있습니다.
최근에는 법에 정해진 절차를 무시하고 눈엣가시로 낙인찍힌 교수들을 충분한 사전소명의 기회도 박탈한 채 재 임용탈락 시켰는가 하면 학생과 동문들의 반발을 무릅쓰고 자신들의 이익을 대변할 허수아비 인사를 총장에 선임하기도 하였습니다.

(4) 존엄하시고 현명하신 재판장님!

이에 대한 비판 글이 쇄도하는 학교홈페이지 자유게시판은 이미 폐쇄상태입니다.

이런 일련의 사태에 대해 우리 학생 및 교직원 수백 명은 매일 점심시간 1시간동안 학내 도서관에 모여 무기한 기도회를 가지며 학교운영진의 회개와 퇴진을 촉구하고 있습니다.

아울러 교수들 전원이 보직을 이미 사퇴하였고 현 사태에 대해 기독교신문에 투고하여 운영진의 횡포와 무도함에 대해 알리고 있습니다.

(5) 은혜로우신 우리 재판장님!

기독교계는 운영진의 불법적이고 파행을 거듭하는 학교운영행태에 대해 개탄하고 학교에 대한 지원을 전면중단하겠다고 선언하고 있습니다.

이처럼 시대착오적인 자신들의 불법 전횡으로 인해 잡음이 나고 문제가 비화되고 있음에도 문제를 지적하는 학생과 교수, 동문들을 오히려 문제의 근원으로 지목하고 보복적인 표적소송을 벌이고 있는 것은 영적인 삶을 사는 사람들로서 실로 개탄스러운 일이 아닐 수 없습니다.

본 고소사건도 학교를 걱정하는 피고인의 선의의 우려에서 나온 발언으로서 이미 사실로 밝혀진 사안들이고 개인사가 아닌 학교공동체의 일이라는 점에서 명예훼손이 아니라는 것이 검찰 및 재판부의 연이은 판단이었습니다.

(6) 존경하는 우리 재판장님!

따라서 그에 따른 손해배상청구는 근거 없는 것이며 그들이 그동안 저질러온 전횡과 억압적 행태의 연장에 다름 아니라 할 것입니다.

학교의 명예를 떨어뜨리고 동문들의 자존심에 상처를 가한 것은 피고인이 아니라 고소를 제기하고 있는 당사자들일 것입니다.

따라서 자신들이 동문 및 기독교계의 분노와 지탄을 받는 것은 피고인 때문이 아니라 그들 자신들의 잘못 때문임을 이번기회에 깨닫게 해주시기 바랍니다.

피고인은 전국에서도 독거노인, 장애인 등 소외계층이 많기로 유명한 광주에서 교회를 개척하여 교회 내에 가정봉사원 파견시설, 주간보호시설, 아동공부방 등 저소득층을 위한 복지시설을 오랫동안 설치하고 운영해 왔습니다.

(7) 정의롭고 현명하신 우리 재판장님!

이 경험들이 토대가 되어 사회복지에 대한 전국 기독교계의 관심을 일깨우는데 크게 기여하여 전국 목회자로서 그를 모르는 이가 없다할 것입니다.

모쪼록 피고인에 대한 선처를 베푸셔서 사회정의가 우리학교에도 미쳐 전체 학교구성원들에게 평화와 학교발전에 대한 기대가 강물처럼 흐르도록 해주시기 바랍니다.
재판장님께 피고인의 선처를 다시 한 번 더 호소합니다.

부디 피고인의 선처를 호소합니다.
피고인을 업적을 무시하고 개인적으로 구복을 채우기 위한 세력들의 모함에 불과합니다.

또다시 피고인의 선처를 호소합니다.
감사합니다.

2.소명자료 및 첨부서류

(1) 탄원인에 대한 인감증명서   1통

○○○○ 년 ○○ 월 ○○ 일

위 탄원인 : ○ ○ ○   (인)

광주지법 형사2단독귀중

탄　원　서

피　의　자　:　○　　○　　○

탄　원　인　:　○　　○　　○

창원지방검찰청 ○○○검사 귀중

탄 원 서

1.탄원인(피의자의 처)

성 명	○ ○ ○	주민등록번호	생략
주 소	창원시 ○○구 ○○로 ○○, ○○○-○○○호		
직 업	주부	사무실 주 소	
전 화	(휴대폰) 010 - 2389 - 0000		
기타사항	창원지방검찰청 ○○○○형제○○○○호 미성년자 고용 등 피의사건		

상기 탄원인은 창원지방검찰청 제○○○호 검사실에서 미성년자고용 등 피의사건으로 구속되어 조사 중인 피의자 ○○○의 처 ○○○으로서 아래와 같은 사정으로 검사님께 탄원서를 제출하오니 깊이 통찰하시어 피의자 ○○○을 선처해 주시기 바랍니다.

(1) 존경하는 검사님께 올립니다.

탄원인은 현재 검사님으로부터 조사 중인 ○○○○형제○○○○호 미성년자고용 등 피의사건의 피의자 ○○○의 처 ○○○라고 합니다.

탄원인은 마산에서 태어나 여자상업고등학교를 졸업하고 창원에 있는 신용협동조합에 근무하면서 이곳에 근무하던 피의자를 만나 결혼하고 슬하에 1남 1녀를 데리고 살고 있습니다.

탄원인은 결혼하고 얼마가지 않아 첫아이를 가진 후 사직하고 남편은 계속 근무하다가 최근까지만 해도 마산에서 근무지를 창원으로 옮겨 근무하던 중 신용협동조합을 그만두고 창원에서 만난 사회친구하고 아름다운 곳이라는 상호로 호프집을 차려 영업을 시작했습니다.

(2) 존경하옵는 우리 검사님!

탄원인도 남편이 직장생활을 하면서 벌어오는 수입보다는 호프집을 운영하면 수입이 좋을 것으로 믿고 친정집과 시집에서 돈을 차용하여 가게보증금을 내고 인테리어비용은 저희가 살던 아파트를 팔아 지금 사는 집으로 옮기면서 보증금 500만원에 월 50만원 주고 사글세를 살고 나머지까지 모두 호프집에 투자하게 되었습니다.

탄원인도 주방에서 일하고 남편을 도왔고 남편과 그 친구 분은 홀에서 열심히 장사를 했습니다.

남편은 장사에 경험이 없었기 때문에 호프집을 어떻게 운영해야 할지 잘 몰랐습니다.

친구 분은 장사에 경험이 많은 것 같았는데 절대 영업에 앞장을 서는 일이 없이 투자할 돈도 투자하지 않았고 운영방식은 동업이지 친구 분은 한 푼도 투자를 하지 않고 항상 가게에 놀러 오는 것 같은 느낌을 받았습니다.

친구 분은 책임감이 없었고 툭하면 남편에게 미루고 남편은 친구 분이 시키는 대로 일만하고 모든 명의는 남편의 이름으로 영업을 해왔습니다.

(3) 현명하신 검사님!

그러던 중 남편은 결국 친구 분께서 말하는 대로 영업을 하다가 미성년자를 고용하고 술을 팔았다는 이유로 남편은 구속되어 지금 조사를 받고 있고, 가게는 영업정지에 얼마가지 못해 영업허가도 취소되고 문을 닫고 말았습니다.

영업허가명의만 남편의 이름으로 되어 있지 실제 불법영업은 모두 그 친구 분께서 다했습니다.

남편은 가게에 투자한 돈은 돈대로 고스란히 다 날리고 구속되었고, 가정은 파탄지경에 이르렀고 탄원인이 어린 아이들을 대리고 살고 있는 지금 사글세방은 월세를 6개월 동안 내지 못해 집주인께서 집을 비워달라고 하고 있으므로 탄원인과 어린아이들이 머지않아 길거리로 쫓겨나게 생겼습니다.

존경하옵는 검사님께서 우리 남편의 처분결과에 따라 우리 가족의 생계가 달려있습니다.

(4) 존경하옵는 검사님!

저는 어린 아이들이 잘 무렵 24시간 영업하는 기사식당에 가서 부엌에서 아침 8시까지 일해주고 번 돈으로 아이들에게 밥을 해주면 자식들이 밥을 먹는 소리가 가장 행복한 소리로 들립니다.

비록 넉넉하지는 않았어도 아이들과 남편과 탄원인이 밥상을 마주하고 앉아 밥그릇과 수저를 부딪쳐가며 웃으며 식사하던 때 그 소리가 그립고 비우나 고우나 남편이 그렇게 보고 싶고 어린 아이들까지 이제는 남편을 그렇게 찾고 있습니다.

우리 남편은 이런 영업을 해보지 못해 아는 것이 없습니다.
제가 남편 면회를 갔는데 남편은 참회의 눈물을 흘리면서 뼈저리게 자신의 잘못을 깊이 뉘우치고 반성하고 있었습니다.

우리 부부는 이번 일로 인하여 많은 것을 깨달았습니다.
열심히 산다는 것은 행복을 꿈꾸고 행복을 기다리는 일이라고 말입니다.

(5) 은혜로우신 우리 검사님!

저의 부부는 평소 너무 시시하다고 또는 너무 흔하다고 소홀히 대하고 탐탁찮게 여겼던 순간들을 다 잊어버리고 새로운 행복을 찾아 열심히 노력하기로 다짐했습니다.

남편은 허욕으로 당치도 않은 거창한 것을 찾으려다 소중한 전 재산을 안개같이 흩어지고 무지
개처럼 모두 사라지고 말았다고 한탄하고 있지만 우리 부부는 더 열심히 하면 된다고 저는
믿고 있습니다.

저는 절망하는 남편에게 식사조차 스스로 해결하지 못하고 대소변까지 남의 손을 빌려야 하는
그런 분들에 비하면 우리 부부의 역경은 아무것도 아니므로 힘내자고 용기를 주고 왔습니다.

저는 밤새도록 식당에서 일을 마치고 남편 없는 집으로 들어가면 어린 아이들에게 툭하면 잔소
리를 하지만 그 잔소리가 아이들에게 살아가는 힘이 되고 축복의 응원가임을 알게 해 줄 것
입니다.

(6) 존경하옵는 검사님!

우리 남편이 범한 죄는 탄원인이 봤을 때 아마 전혀 모르고 한 짓입니다.

남편은 수감장소로 찾아온 탄원인에게 그 동안 많은 것을 뉘우치고 깨닫고 반성하는 모습을 보
였습니다.

정말 힘들게 생활하는 탄원인과 우리 어린 아이들 아무것도 모르고 아버지만 애타게 찾다가 흘
린 눈물이 잠이 들어 말라버리는 불쌍한 아이들을 헤아려 주시고 저의 남편에게 관용을 베풀
어 가족의 품으로 하루속히 보내 주시면 고맙겠습니다.

존경하옵는 검사님께서 탄원인과 불쌍한 우리 아이들을 위해 피의자에게 은전을 베풀어 주시면
이 은혜 평생 동안 가슴속에 잊지 않고 간직하고 있다가 꼭 보답하겠습니다.

(7) 자비로우신 우리 검사님!

우리 사랑하는 남편 나오면 정말 좋은 일 더 많이 하고 항상 남에게 베풀면서 우리 어린아이

들 잘 키우고 행복하게 잘 살겠습니다.

간곡히 부탁드립니다,

그럼 검사님의 건강과 온 가족 모두 평강하시길 기원하겠습니다.

대단히 감사합니다.

안녕히 계십시오.

2.소명자료 및 첨부서류

(1) 가족관계증명서   1부

(2) 월세계약서   1부

(3) 피의자의 어린 딸아이가 검사님께 드리는 편지   1부

(4) 탄원인에 대한 인감증명서   1통

○○○○ 년 ○○ 월 ○○ 일

위 탄원인 : ○   ○   ○   (인)

창원지방검찰청 000검사 귀중

탄 원 서

사 건 번 호 : ○○○○형제○○○○호 사기

피 의 자 : ○   ○   ○

탄 원 인 : ○   ○   ○

제주지방검찰청 귀중

탄 원 서

1.탄원인(피의자의 딸)

성 명	○ ○ ○	주민등록번호	생략
주 소	경기도 안양시 ○○구 ○○로 ○○, ○○○호		
직 업	학생	사무실 주 소	생략
전 화	(휴대폰) 010 - 8768 - 0000		
기타사항	피의자 ○○○은 현재 제주교도소 수감 중에 있습니다. 수형번호 제○○○○호		

상기 탄원인은 제주지방검찰청 ○○○○형제○○○○호 사기 피의사건의 피의자 ○○○(○○○○○○-○○○○○○○)의 딸 ○○○으로서 이 사건을 담당하시는 검사님께 아래와 같은 사유로 탄원하오니 피의자를 선처해 주시기 바랍니다.

(1) 존경하는 우리 검사님께 호소합니다.

먼저 존경하는 검사님께서 항상 사법적 정의구현 노력에 깊은 감사의 말씀을 드리겠습니다.

제가 감히 고명하신 검사님께 피의자의 사건경위를 말씀드리고 피의자에 대하여 진심을 호소하고 선처를 구하기 위해 탄원서를 쓰게 된 것은 누구로부터 부탁을 받거나 타의적으로 작성한 것이 절대 아니며 이 탄원서는 사실 그대로를 숨김과 보탬이 없는 전적으로 탄원인의 내면에서 우러나오는 자발성에서 이뤄진 것임을 분명히 말씀드립니다.
감히 탄원인이 무슨 명목으로 검사님께 탄원을 해야 할까 생각은 하였습니다만 피의자의 딸로서 염치불구하고 아버지를 위해서라면 지푸라기라도 잡아야겠다는 심정으로 이렇게 탄원의 글을 올리게 되어 정말 죄송하게 생각합니다.

저희 가족은 우리 아버지께서 사기혐의로 구속되었다는 청천벽력 같은 소식을 듣고 온 가족은 물론 영문도 모르는 눈물을 흘리며 얼마나 펑펑 울었는지 아무도 모릅니다.

아무것도 모르는 가족들은 마른하늘에 날벼락 같은 소식을 접하고 어머니께서는 쓰러지시는 바람에 우리 가족은 엉망이 되고 말았습니다.

(2) 자비롭고 은혜로우신 우리 검사님!

저는 아버지에 대한 소식을 듣고도 아무것도 할 수도 없고 아는 것도 없고 또 아버지가 계시는 제주도교도소와 우리가 살고 있는 곳은 너무나 먼 곳에 있어서 어린 저로서는 무엇부터 해야 할지 몰라서 먼저 변호사를 선임해 아버지에게 도움이 되어야 겠다는 생각으로 제가 대출을 받아 단독으로 변호사를 선임하였던 것이며 아버지의 뜻이나 어머니의 뜻은 아니었습니다.

아버지의 사건에 대해서 제가 잘 알지 못하지만 우리 아버지는 절대로 남에게 해코지를 하고 피해를 주는 일을 하지 않는 정말 우리들에게는 존경을 한 몸에 받으셨고 우리를 여기까지 오기까지 뒷바라지를 해 오신 아빠입니다.

필시 우리 아버지께 무슨 말 못할 어떤 이유가 있었다고 봅니다만 이유가 어찌되었건 아버지로부터 어떤 문제가 생기고 그로 인하여 피해자가 생겼다면 무조건 우리 아버지가 잘못한 것이라고 생각합니다.
이에 대한 처벌도 감수해야 하고 죄과를 달게 받아야 한다는 것에는 이견이 없습니다.

피해자에게 아버지를 대신해 우리 온 가족의 이름으로 무릎을 꿇고 용서를 빌고 또 빌고 싶은 마음뿐입니다.

(3) 존경하는 우리 검사님!

우리 가족은 정말 가정형편이 매우 열악합니다.

아버지의 돈 벌이가 신통찮아서 우리 어머니는 얼마 전까지만 해도 서울에 있는 ○○의료원 장례식장에서 온갖 허드렛일을 다 하시다가 최근에야 몸이 불편하여 퇴사하셨습니다.

이제는 아버지가 한 푼이라도 벌어야 우리 가족들은 먹고살 수 있는 형편인데 아버지마저 구속되시는 바람에 우리 가족은 끼니가 걱정되리만치 매우 어렵습니다.

그래도 자식 된 도리를 떠나 아버지께서 구속되셨다는 소식을 듣고 충격을 받아 쓰러지신 우리 불쌍한 어머니를 위해서라도 아버지의 피해자를 제가 일일이 찾아다니며 아버지를 대신 사죄드리고 합의하려고 최선을 다하고 있습니다.

저는 반드시 꼭 합의를 모두해서 아버지를 하루속히 가족의 품으로 돌아오시게 하고 싶습니다.
검사님께서 저 좀 도와주세요.

우리 아버지 좀 살려주세요.

저는 피해자께 무슨 수가 있어도 꼭 피해금을 모두 변제해드리기로 원만히 합의를 이루어내려고 하고 있습니다.
그러나 인간적인 측면에서 우리 가족은 끼니를 걱정할 정도로 매우 형편이 어렵습니다.

우리 아버지께서는 이번일로 아픈 상처를 지니고 있지만 많은 것을 뉘우치며 반성하고 계셨습니다.

우리 아빠라는 분은 최소한 저에겐 여전히 생활력이 강하고 법이 없이도 살 수 있는 착하고 이 세상에서 하나밖에 없는 아버지로 남아 계십니다.

우리 아버지는 절대 이런 일을 하실 분이 아니었는데 어찌하여 이러한 일에 말려들었는지 정말로 안타깝습니다.

(4) 자비로우신 우리 검사님!

제가 우리 아버지에게 아무런 도움도 안 되고 아버지의 구속으로 인하여 몰락해버린 가정형편과 그 충격으로 쓰러지신 어머니를 위해 도움이 될 수 있는 것은 하나도 없다는 것이 정말 가슴이 찢어지는 것 같습니다.

따지고 보면 다 우리 아버지도 저도 우리 어머니가 쓰러지신 것도 모두 가진 것 없는 가난에서부터 비롯된 것이라 생각하고 저는 우리 아버지를 무사히 하루 빨리 집으로 돌아오실 수 있도록 무엇이든 다 할 각오로 하루하루를 견디고 있습니다.

우리 아빠라서가 아니라 우리 아버지는 법이 없어도 착하게 살아오신 뿐이십니다.

아버지께서 이번과 같이 구속되는 사고로 행복한 가정이 무너져 내리는 것을 보고 탄원인으로서는 정말 가슴이 아픕니다.
쓰러지신 어머니께서 우리 아빠를 애타게 찾는 모습을 보고 저는 뒤 돌아서 울고 동생들과 같이 많이 울었습니다.

우리 아버지는 저에게 피눈물을 흘리면서 회개하고 잘못된 생각을 뼈저리게 뉘우치고 반성하는 모습을 보였습니다.

그래도 어머니가 충격으로 쓰러지셨다는 말씀을 듣고 저에게 어머니 옆에서 용기 잃지 않고 하루 빨리 회복하고 일어날 수 있도록 도와 달라고 하면서 가족의 걱정을 하며 사회로 나가면 착하게 살겠다고 다짐하시고 눈물까지 보이셨습니다.

저는 우리 어머니를 생각하면 피눈물이 납니다.
우리 어머니를 위해 우리 아버지를 사경을 헤매고 계시는 어머님을 헤아려 주시고 한번 만 선처해 주시면 정말 고맙겠습니다.

(5) 존경하는 검사님!

우리 아버지를 한번 만 용서해주시고 선처해 주세요.
우리 온 가족들의 소망을 저버리지 마시고 용서해 주시기 바랍니다.

우리 아빠에 대한 선처를 다 시 한번 호소합니다.

법 이전에 한 인간을 불쌍히 여기고 자비로우신 검사님의 판단이 피의자로 하여금 다시금 기회를 주시고 어린 자식들을 위해 장례식장에서 허드렛일을 마다하지 않으시고 퇴직한지 얼마 되지 않아 서 아빠가 구속되었다는 소식을 접하고 쓰러져 사경을 헤매고 계시는 우리 어머니께 격려와 위안이 될 것이라고 믿어 의심치 않습니다.

저는 검사님의 소중한 뜻이 무엇인지를 되새기고, 다시는 이런 일이 생기지 않도록 저도 아버지 옆에서 돕겠습니다.
우리 아버지에게 한번만 기회를 주셨으면 합니다.

간곡히 호소합니다.

두서없는 저의 탄원의 글을 끝까지 읽어주셔서 감사합니다.
부탁의 말씀 올립니다.

검사님의 건강과 행복, 가족 모두의 건승을 위해 간절히 기도합니다.

우리 아버지의 선처를 간곡히 호소합니다.
부디 선처를 호소합니다.

소명자료 및 첨부서류

(1) 가족관계증명서   1통
(2) 탄원인의 인감증명서   1통

○○○○ 년 ○○ 월 ○○ 일

위 탄원인(피의자의 딸) : ○ ○ ○   (인)

제주지방검찰청 귀중

의견서

의 견 서

사　　건 :　○○○○고단○○○○호　강제추행

피 고 인 :　○　　　○　　　○
　　　　　　　(123456 - 1234567)

창원지법 형사2단독 귀중

의 견 서

사　　건 : ○○○○고단○○○○호　강제추행

피 고 인 : ○　　○　　　　○(주민등록번호)

전화번호 :　010 ‑ 1234 ‑ 0000

위 사건에 관하여 피고인은 다음과 같이 의견을 개진합니다.

‑ 다　음 ‑

1. 본건 공소사실 중, 범행시각

　　피고인은 본건 공소사실을 인정하지만, 그 범행시각에 있어 공소장에 기재된 01:35경은 실제 범행시각과 차이가 있습니다. 즉, 실제 본건 범행이 이뤄졌던 시각은 01:24경입니다.

　　공소장의 01:35경과 피고인이 주장하는 01:24경(CCTV상 기록으로 뒷받침)은 불과 9분 정도의 시간 차이에 불과함에도 굳이 이를 지적하는 이유는, 공소사실 시각이 01:24경이 될 경우, 피고인의 후술하는 주장과 같이 ① 본건 범행 이후 피고인과 피해자 간에 "○○○", "○○"이라는 다소 장난스러운 문자메시지를 서로 교환한 점, ② 피해자가 본건 범행을 당한 후 다시 범행현장인 31번 테이블에서 나와 카운터에 놓여 있던 피고인의 핸드폰을 가지고 31번 테이블 안으로 들어갈 때 다소 웃는 표정의 얼굴이 CCTV 영상에 확인되는 점, ③ 피해자가 본건 범행을 당한지 약 17분 정도 지난 후에 비로소 범행현장에서 벗어난 점 등의 범행직후 정황사실이 인정되기 때문입니다. 실제로 이와 같이 공소사실 시각이 01:24경인 점은 ① CCTV 영상 기록 시각 및 ② 문자메시지의 수발신 기록 시각, ③ 피해자의 진술 중 일부에 의하여 객관적으로 뒷받침됩니다.

이와 같은 실제 공소사실 시각에 관하여는 아래 후술하는'3. 범죄의 성부에 관한 것은 아니나 일부 사실과 다른 피해자의 진술 부분'항목에서 구체적으로 적시하도록 하겠습니다.

2. 증거의 인부에 관한 의견

검찰에서 제출한 증거기록 중에는 피고인이 주장하는 실제 공소사실 시각이나 피고인의 범행과 문자메시지 교환 등의 선후관계와 다른 취지의 피해자의 진술 등이 존재합니다.

그러나 피고인은 본건 공소사실의 범죄 성립에 대하여 인정하고 있고, 다만 범행 이후의 정황관계에 대하여 검찰 및 피해자의 주장과 일부 다른 의견을 개진하고 있는 것이며, 그와 같은 피고인의 주장은 CCTV 등 객관적 자료에 의하여 소명되어 이와 저촉되는 피해자의 진술 등 부분은 충분히 탄핵 가능한 것으로 여겨지는바, 검찰이 제출한 증거 전부를 본건의 증거로 사용함에 동의합니다.

3. 범죄의 성부에 관한 것은 아니나 일부 사실과 다른 피해자의 진술부분

피고인은 거듭 밝히지만 본건 범행의 성립에 관하여 이를 인정하고 반성하고 있습니다. 다만, 피해자의 진술 중에는 본건 범행 이후의 상황에 관하여 일부 사실과 다른 점이 존재하는데, 그것이 비록 범죄의 성부에 관한 것은 아니지만, 피고인이 후술하는 정상관계에 관한 사항에 관한 의견을 개진함에 있어, 그 전제가 되는 사실관계 부분이기 때문에 이에 관하여 언급하고자 합니다.

본건 범행의 시점 등과 관련하여, 피해자는 그 구체적인 시각까지 정확히 기억하지는 못하지만, 각 사건경과의 순서에 따라 짚어볼 때, 대체로 [① 피고인이 피해자에게 문자메시지로"○○"이라고 메시지를 보내고 이에 피해자가 피고인에게"○○○"이라고 메시지를 보냄, ② 피고인이 피해자에게 31번 테이블 밖으로 나가서 음악을 틀고 오라고 함, ③ 피해자가 음악을 틀고 31번 테이블로 돌아오자마자 피고인이 갑자기 피해자의 팔을 끌어당겨 껴안고 본건 추행을 함, ④ 피해자가 이를 뿌리치고 테이블을 정리한 후 범행현장을 벗어남] 순으로 일이 진행되었다고 주장합니다.

그러나 실제로는, ① 피고인이 피해자에게 음악을 틀고 오라고 하여, 이에 피해자가 31번 테이블 밖으로 나가 음악을 틀기 위해 카운터로 감(CCTV 영상 기록 시간 01:22) ② 피해자가 음악을 틀고 31번 테이블로 돌아오자 곧 피고인이 본건 추행을 함(CCTV 영상 기록 시간 01:24) ③ 피고인이 핸드폰을 찾자 피해자가 밖에 카운터에 있다면서 31번 테이블 밖으로 나가서 이를 가지고 31번 테이블로 돌아 옴(육안으로 볼 때 CCTV 영상에 나타난 피해자의 표정은 밝아 보임)(CCTV 영상 기록 시간 01:27) ④ 피고인이 피해자로부터 건네받은 핸드폰을 가지고 피해자에게 "○○"이라고 카톡메시지를 보내고 이에 피해자가 피고인에게 "○○○"이라고 답신메시지를 보냄(문자메시지 수발신 기록 시간 01:29, 01:30) ⑤ 뒤이어 피고인이 피해자에게"이루어질 수 없는 호감이지만 안녕 행복하세요","안녕 안녕 이뻐요 만나든 헤어지든 안녕"이라는 문자메시지를 보냄(여기에는 피해자 무응답) (문자메시지 수발신 기록 시간 01:29, 01:30) ⑥ 피해자가 피고인이 마셨던 데킬라, 사과주스 병을 챙겨 31번 테이블 밖으로 나와 이를 냉장고에 집어 넣음(CCTV 영상 기록 시간 01:38) ⑦ 피해자가 31번 테이블 밖 테이블을 정리한 후, ○○○에서 나가 범행현장을 완전히 벗어남(CCTV 영상 기록 시간 01:40, 01:41)

의 순서로 사태가 진행되었습니다. 이것은 피고인의 어떤 일방적인 주장이 아니라, CCTV의 영상 및 이에 표기된 녹화시간이라는 객관적 자료에 의하여 뒷받침되는 사실입니다.

특히 본건 추행의 시점과 관련하여 위 ② 의 시점인 01:24으로 확정할 수 있는 근거는, 피해자가 총 4회에 걸쳐(고소장, 경찰 진술, 검찰 진술, 수사보고서상 진술) 피고인에게 강제추행을 당한 시점이 피고인으로부터 카운터에 가서 음악을 틀고 오라는 요청을 받고 음악을 틀고 31번 테이블로 돌아온 직후라고 분명하게 적시하고 있고, CCTV 영상 기록상 피해자가 카운터에 비치된 컴퓨터를 조작하여 음악을 틀고 돌아 온 때의 시점이 01:24이기 때문입니다.

당초 검찰에서도 이에 관한 피고인의 지적을 의식한 듯, 피해자에 대한 검찰 참고인 조사를 마친 후 피해자에게 유선으로 연락하여 이 사건 당시 (31번 테이블 밖으로 나와) 음악을 튼 횟수가 몇 번인지 물었고, 이에 대하여 피해자는 그것이 1번인지 2번인지 정확히 기억은 나지 않으나 음악을 틀고 돌아온 직후에 추행을 당한 것은 틀림없다, "○○, ○○○" 문자메시지 교환은 강제추행 이전에 있었던 것이라는 취지로 답변하였습니다.

검찰은 이러한 피해자의 수사보고서상 진술을 토대로 하여, 피해자가 정확히 기억은 하지 못하지만 음악을 틀기 위해 31번 테이블 밖으로 2번 나갔을 수 있고, 피해자가 문제의 문자메시지 교환 이후에 강제추행이 있었다고 주장하고 있음에 따라, 카톡메시지 교환 시점(01:29, 01:30)과 피해자가 마지막으로 31번 테이블 밖으로 나간 위 ⑥ 의 시점(01:38)의 사이인 01:35경으로 본건 범행시각을 특정한 것 같습니다.

그러나 이와 같은 검찰 측의 범행시각 특정은 다음과 같은 점에서 오류가 있습니다. ① 피고인과 달리 당시 술을 마시지 않아 본건에 대하여 소상히 기억하고 있는 피해자가 유독 음악을 틀러 31번 테이블 밖으로 나간 횟수에 관하여 잘 기억하지 못한다는 것이 쉽게 납득이 가지 않습니다. ② 고소장, 경찰진술, 검찰진술에서 비록 그 횟수를 명시하고 있지는 않으나, 전체적인 진술 취지에 비추어 피해자가 음악을 틀러 31번 테이블 밖으로 나간 횟수는 1회였다는 것으로 보입니다. ③ 본건 범행시각을 01:35경으로 볼 경우, 피해자가 피고인의 추행을 당하기 전 음악을 틀고 31번 테이블로 돌아왔던 시점을 위 ③의 시점인 01:27으로 볼 수밖에 없는데(01:27이 아니라면 위 ①의 시점인 01:22이 되어 오히려 피고인의 주장에 적극 부합), 01:27의 경우 피해자가 피고인의 핸드폰을 가지러 카운터에 갔다가 31번 테이블로 돌아오는 것으로서 위 ①의 경우와 같이 음악을 틀기 위한 컴퓨터에 대한 조작행위 등이 전혀 영상에 나타나지 않고, 무엇보다도 음악을 틀고 돌아와 자리에 앉으려하자마자 추행을 당하였다는 피해자의 진술과 모순을 일으킵니다. 피해자가 01:27에 음악을 틀고 31번 테이블로 돌아왔다면 피해자의 위 진술에 따라 적어도 01:27 또는 01:28 정도에 본건 추행이 일어났다고 보아야 하기 때문입니다.

결국 검찰 측은 본건 추행 이전에 문제의 문자메시지 교환이 있었다는 피해자의 진술에 충실하려 한 나머지, 본건 범행시각을 위 문자메시지 교환 시점 이후인 01:35으로 특정한 것으로 볼 수 있는데, 이것은 다른 한편으로 음악을 틀고 31번 테이블로 돌아와 앉으려 하자마자 추행을 당했다는 피해자의 진술과 모순을 빚게 된 것입니다. 결국 이런 이유에서 본건의 실제 범행시각은 피고인이 주장하는 01:24로 보는 것이 타당합니다(피해자가 이에 관하여 일부 사실과 다른 진술을 한 것은, 자신의 의사에 반하여 피해자에게 추행을 당한 것은 틀림없는데, 피고인이 위 카톡메시지 교환 시점의 선후관계를 들어 극력 무죄를 주장하고 있고, 이로 인하여 실제와 달리 피고인에게 무혐의 처분이 내려질까 우려해서 그렇게 했던 것이 아닐까 추측해 봅니다).

이와 같이 본건의 실제 범행시각을 01:24으로 확정할 때, 피해자는 피고인에게서 본건 추행을 당한 이후(01:29, 01:30)에 피고인과"○○","○○○"문자메시지를 주고받았던 것이 맞습니다. 또한 피해자가 01:24경 추행을 당하고서 다시 피고인의 핸드폰을 가지러 31번 테이블을 나가 카운터로 가는 시점인 01:27경에는 CCTV상 그 표정이 다소 밝아 보이기까지 합니다. 피해자가 피고인에게 강제추행을 당한 이후, 피고인의 카톡메시지에 대하여 피해자가"○○"이라는 답신메시지를 보낸 것은 통상의 강제추행 사례와 비교하여 일반적인 반응은 아니라 할 것입니다. 다만 피고인으로서는 위 메시지 화답의 정확한 의도나 동기를 헤아릴 수는 없지만, 설혹 피해자가 해당 문자메시지를 발송할 때까지만 하더라도 피고인에게 추행을 당한 것은 맞지만 이를 덮어두고 넘어갈 생각도 있었는데, 그 이후에 피고인이 추가로 보낸 문자메시지가 피해자를 계속 희롱하는 것으로만 여겨져 본건 고소에 이르게 된 것이 아닐까 조심스럽게 추측해 봅니다.

그러나 이러한 문자메시지 교환 시점의 선후관계에 대한 확인은 본건 혐의를 부인하기 위한 의도에서 하는 것이 결코 아닙니다. 피고인은 애당초 이미 피해자의 의사에 반하여, 피해자의 어떠한 명시적, 묵시적 동의도 없는 상태에서(그리고 그러한 동의가 추단될 만한 유대관계가 형성된 것도 아닌 상태에서) 일방적으로 피해자에 대한 신체접촉을 행하였다는 점에서 본건 범죄의 성립을 인정·반성합니다. 피고인은 본건 범행 후에 피해자와 위 문자메시지를 주고받았다고 해서 그것이 소급적으로 기왕에 실현된 강제추행죄의 구성요건을 조각한다거나, 피해자의 구성요건적 양해를 추단하게 하는 사정이라고 보지도 않습니다.

다만, 후술하는 바와 같이 본건 범행 이후 행해진 위 카톡메시지 교환은 역으로 본건 추행이 그 유형력의 행사나 추행의 정도에 있어 상당히 경미하였다는 점을 역으로 추론할 수 있는 사정이며(상당정도의 유형력, 추행이 일어났다면 피해자가 그와 같은 메시지를 보내기는 어려웠을 것), 또한 피고인이 수사 과정에서 처음 경찰 조사 때의 입장을 번복하여 무죄 주장으로 나가게끔 한 동기가 되기도 하는 등 피고인에 대한 양형관계가 관련성이 있습니다. 또한 실제 본건 범행시각을 01:24이라 했을 때 피해자가 본건 범행으로부터 약 17분 정도 경과한 이후에 비로소 본건 현장을 벗어난 점도 주목할 만합니다. 이하에서는 이러한 점을 전제로 하여 피고인에 대한 긍정적 양형사항에 관하여 의견을 개진하겠습니다.

4. 피고인의 양형과 관련하여 참작할 만한 각 사정

가. 유형력의 행사의 정도가 경미한 사정

본건 공소사실 자체에 의하더라도 피고인은 피해자에 대하여 피해자의 반항을 억압할 만한 어떠한 실질적인 폭행이나 협박 또는 위력을 가하여 본건 범행에 이르렀던 것이 아니라, 순간적으로 피해자의 신체에 대한 접촉을 행한 이른바'기습추행'을 하였던 것인바, 그 유형력의 행사는 상당히 경미한 수준에 그친다 할 것입니다.

또한 상술한 범행 이후 피고인, 피해자 간의 문자메시지 교환 사정에 비추어, 피해자는 당시까지만 하더라도 피고인의 추행의 정도가 그리 심하지 않고 술자리에서의 우발적 행동인 것으로 보아 이를 덮어주고 넘어가려 했던 것으로 여겨집니다(피해자 본인도 피고인이 계속하여 발송하는 문자메시지가 오히려 피해자를 약 올리는 것 같아 고소장을 제출하게 되었다는 취지로 진술한 바 있습니다).

나. 추행의 정도가 현저히 약한 사정

본건 공소사실에 의할 때 피고인은 피해자를 껴안고 순간적으로 1차례 그 허리와 둔부를 손으로 만졌던 것으로서, 그 추행의 정도가 다른 강제추행 사안들과 비교하였을 때 상당히 약한 수준인 편입니다.

통상의 강제추행 사안에 있어 추행을 당한 피해자로서는 최대한 시급히 범인으로부터, 그리고 추행 현장으로부터 벗어나려고 하는 것이 일반적이라 할 것이나, 본건에서 피해자는 피고인에게 본건 추행을 당한 후 곧바로 현장을 박차고 떠났던 것이 아니라, 추행을 당한 이후 본건 현장을 떠나기 전까지 사이에 [① 피고인의 핸드폰을 가지러 31번 테이블 밖으로 나갔다가 돌아 옴, ② 카톡 메시지 교환, ③ 31번 테이블 밖으로 나와 술병 등을 냉장고에 넣고 테이블을 치움]의 일련의 행위를 하였고, 거기에는 약 17분 상당의 시간이 경과하였습니다.

추행을 당한 이후 현장에서 벗어나기까지의 과정에 관하여, 처음에 피해자는 경찰에서 추행을 당하자마자 도망쳐 뛰어나왔다는 취지로 진술하였으나, 피고인이 제출한 CCTV 영상 기록에 따라 피해자가 추행 직후 곧바로 도망쳐 뛰어나왔던 것은 아닌 점이 확인되면서, 피해자는 검찰에서 진술할 때 추행을 당하고 바로 도망쳐 나오지 않고 테이블 정리 등을 한 후 나왔다는 것으로 입장을 변경하였습니다.

피고인의 본건 범행으로 인하여 피해자가 상당한 성적수치심을 입었을 것임은 피고인도 인정하나, 적어도 피해자가 통상의 강제추행 사안과 달리 이처럼 상당 시간이 지난 후 비로소 본건 현장을 벗어났다는 사정은, 피고인의 본건 추행의 정도가 현저히 약한 점을 뒷받침한다 하겠습니다.

다. 피고인이 피해자에 대하여 지녔던 호감

피해자는 피고인이 운영하는 ○○○에 아르바이트생으로 채용되어 근무하면서 평소 성실한 근로로 피고인에게 큰 도움을 준 바 있습니다. 피해자는 일체의 지각, 조퇴, 결근도 없이, 때로는 몸이 안 좋을 때에도 피고인의 사업장에 나와서 열심히 근로하였습니다. 피고인으로서는 여느 아르바이트생과는 달리 성실하고 또한 싹싹한 성격으로 피고인을 응대하여 주는 피해자에게 내심 호감을 가졌던 것이 사실입니다. 본건 범행은 범죄자 자신의 성적흥분, 만족감을 목적으로 하는 강제추행 유형에 해당하지 않고, 피고인이 평소 피해자에게 품었던 호감이 주취 상태에서 피해자의 의사나 반응을 오해한 채 부적절하게 표현된 것이라 하겠습니다.

라. 우발적 범행

피해자는 피고인이 처음부터 피해자를 추행할 의도를 가지고 회식이라는 명목으로 피해자를 유인하여 본건 범행에 이르렀다는 취지로 수사기관에서 진술하였으나, 이것은 결코 사실이 아닙니다.

피고인이 만약 피해자에 대하여 처음부터 추행의 의도를 갖고 있었던 것이 사실이라면, 피고인 혼자서 그렇게 술을 마실 것이 아니라 피해자에게도 상당량의 음주를 권유, 유도하여 피해자를 흐트러뜨린 다음 추행으로 나아가는 것이 보다 자연스럽다 할 것입니다. 피해자도 경찰에서 이와 관련하여 피고소인이 피해자에게 술을 강요하지는 않았다고 답변하였습니다.

피해자는 피고인이 이 사건 이전에도 피해자에게"○월 ○일은 쉬는 날이니 단둘이서만 ○○○로 드라이브 가서 회를 먹고 오자"라고 말하였다고 주장하면서, 마치 피고인이 그 전부터 피해자에게 부적절하게 어떤 성적인 뉘앙스를 품기는 접근을 계속하다가 결국 본건 범행에 이른 것처럼 진술한 바 있습니다. 피고인이 피해자에게 농담조로 회를 먹으러 같이 여행을 가자는 이야기를 했던 것은 사실이나, 피고인은 우울증, 경계성 인격장애 등의 만성적인 정신질환을 앓아 왔는바, 대인관계에서의 어떤 반응이나 행동양식에 있어' 일반적이지 못한'측면이 있고, 이로 인하여 평소 피해자에 대하여 가진 호감을 부적절하게 표출하여 위와 같은 발언에 이르렀던 것입니다. 하지만 피고인이 당초부터 피해자를 성적인 대상으로 놓고 어떤 행위를 목표했던 것은 결코 아닙니다. 또한 피고인은 위와 같이 이야기한 직후 바로 피해자에게 자신이 부적절한 이야기를 했다면서 오해하지 말아달라고 해명하였고, 이에 피해자 역시 농담조로"왜 말을 번복하세요? 그냥 쭉쭉 밀고 나가세요."라고 말하여 당시에는 아무 문제없이 넘어갔던 사안이었습니다.

피해자는 또한 고소장에서"피고소인은 본래의 회식 일행인 마감 아르바이트생을 빼 놓고 단 둘이서만 먹자로 여러 차례 회유한 후"라고 기재하여 마치 피고인이 처음부터 피해자를 추행할 의도를 갖고 다른 아르바이트생을 회식에서 배제시킨 후 피해자를 유인한 것처럼 진술하고 있으나 이것 역시 사실과 다릅니다. 우선 피해자가 지칭하는 회식이라는 것은 원래 사업장에서 다른 직원들의 참여가 전제되는 공식적인 회식이 아니었습니다. 그것은 피고인이 피해자의 시급을 일부 올려준 것에 대하여 피해자가 감사의 뜻으로 ○○등 야식을 사 가지고 와서 같이 먹기로 했던 자리였을 뿐입니다. 피고인이 다른 아르바이트생을 빼놓고 피해자와 둘이 있으려 했던 것은 해당인이 평소 근무태도가 안 좋고 남 이야기하는 것을 좋아하여 혹시라도 피고인이 술자리에서 다소 흐트러진 모습을 보일 경우 안 좋은 소문이라도 날까 걱정이 되었기 때문입니다(그러나 지금에 와서는 차라리 당시 해당 아르바이트생이 자리에 같이 있었더라면 본건과 같은 일이 발생하지 않았을 것이기에 이를 후회하고 있습니다).

이 사건 당시 피고인은 평소 술에 약한 편인데다가 비어 있는 속에 술을 마셔 상당히 취해 있는 상태였습니다. 그런 가운데 피해자가 낮에 ○○○내에서 반지를 하나 주은 것이 있다면서 이를 피고인에게 전달하였습니다(업주인 피고인이 유실물을 보관하였다가 나중에 찾으러 오는 손님에게 돌려주므로). 이 순간 피고인은 평소 피해자에 대하여 갖고 있던 호감과 술기운, 그리고 정신질환의 영향, 피해자가 자신에게 상냥하게 대하였던 점 등, 기타 외로움과 공허함 등으로 인하여'(피해자가) 반지를 찾은 때에 바로 내게 갖다 주지 않고 지금 이 자리에서 보여주는 것은 혹시 자기 손에 그 반지를 끼워달라고 하는 것은 아닐까'라는 비

약에 이르게 되었던 것 같습니다.

그리하여 피고인은 피해자에게 피해자가 좋아하는 음악을 카운터에 가서 틀고 오라고 하였고, 이에 따라 피해자가 음악을 틀고 31번 테이블로 돌아오자 그만 피고인 스스로의 감정에 압도되어 우발적으로 피해자를 끌어안고 본건 범행에 이르게 되었던 것입니다.

마. 본건 당시 피고인의 착오

피해자의 허리, 둔부에 대한 접촉과 관련하여, 피고인은 당시 주취상태로 인하여 그 기억이 다소 불분명한 측면이 있습니다. 다만, 피고인의 기억으로는 피고인이 피해자를 껴안은 순간 피해자가 이를 당장에 뿌리친다거나 하는 즉각적인 저항이 없자, 피해자가 피고인의 그와 같은 행위에 대하여 용인하는 것으로 그 의사나 반응을 오해한 나머지 피해자의 허리, 둔부까지 손을 대었던 것 같습니다.

상술한 CCTV 영상 기록 내용, 본건 범행 직후 피해자가 현장을 벗어나기까지 사이에 있었던 일, 그 시간적 간격에 비추어 볼 때, 피해자는 피고인의 본건 추행 당시에 즉각적으로 저항하거나 바로 현장에서 도망치지는 않았다 할 것인바, 이는 피해자의 의사와 반응에 대하여 오해하였다는 피고인의 입장에 힘을 실어 줍니다.

한편, 즉각적인 저항여부와 관련하여 피해자는 경찰에서"너무 놀라서 경황이 없었고 몸이 굳어 있었어요. (○○○)"라고 진술하였고, 검찰에서는 피고인이 껴안는 순간"처음엔 당황스럽고 또 어떤 상황인지 잘 몰라 몸이 굳어 있다가 <u>나중엔</u> 뿌리치며 (○○○)"라고 진술하여, 피고인이 본건 추행을 행한 이후 어느 정도 시간이 흐른 후에 피고인을 밀어냈던 것임을 알 수 있습니다.

물론 피고인의 1차적인 껴안음 행위에 관하여 피해자가 즉각적인 저항을 제대로 하지 못했다 하더라도, 그것을 피고인의 추행에 대한 어떤 용인이나 양해로 단정할 수는 없는 것이고, 오히려 갑작스런 기습추행에 관한 당혹감이나 두려움으로 인하여 저항행위로 나아가지 못할 수도 있는 것이나, 이 사건 당시 피고인은 그렇게 얼어붙어 있는 피해자가 마치 자신의 행위를 용인하고 있는 것으로 오해하고 말았던 것입니다.

또한 피고인이 본건 추행 이후 피해자에게 발송한 카톡메시지들은 그 내용들이 다 상황에 맞지 않게 엉뚱한데, 이것은 피고인이 범행 이후조차도 본건 추행에 대한 피해자의 의사나 반응, 심정에 관하여 제대로 인식하지 못했음을 드러냅니다.

바. 피고인의 진지한 반성

피고인은 사건 발생 직후 피해자에게 자신의 잘못을 인정하면서 계속 용서를 구하였고, 피의자신문에서도 잘 기억나지 않는 부분이 있으나 피해자가 말한 것이 사실일 것이라는 취지로 그 잘못을 일부 인정하였으며, 비록 중간에 변호사를 선임하여 수사를 받는 과정에서 무죄 주장으로 입장을 변경한 적이 있으나(이 점에 관하여는 그 경위를 후술합니다), 재판부에서 다시 그 혐의를 일체 시인하고 있습니다.

피고인은 본건을 계기로 자신을 돌아보면서 다시는 이와 비슷한 일을 반복하지 않을 것을 맹세하고 있고, 본건 이후로 그 언행에 극히 조심을 기하고 있습니다.

사. 형사처벌 전력

피고인은 과거 교통사고처리특례법 위반으로 벌금 100만원, 청소년보호법 위반으로 벌금 30만원, 도로교통법위반으로 벌금 150만원의 형사처벌을 받은 외에 다른 일체의 범죄전력이 없습니다.

피고인은 이 사건 이전에 성실히 생활하여 왔고, 성실한 ○○○운영으로 한 때 언론이나 인터넷 블로그를 통해 호평을 받아 왔으며, 부모님 앞으로 된 상당액의 채무도 ○○○운영수익으로 완제해 나가는 등 건실한 사회인으로 지내 왔습니다.

아. 피해자와의 합의 과정

본건 범행은 그 특성상 피고인 본인이 다시 피해자에게 접근하는 것 그 자체만으로도 부담을 줄 수 있는바, 피고인은 피해자에게 본건과 관련하여 어떤 불편을 야기하고 싶은 마음이 전혀 없기에, 피고인 본인의 직접적인 개입 대신 일체의 합의 과정을 변호인을 통하여 진행하고 있으며, 합의에 도달하지 못할 경우 상당금액을 공탁하여 피해자에 대한 피해배상을 위해 노력할 것입니다.

5. 양형에 관한 의견

본건은 양형기준표 적용 대상 사건으로 일반강제추행죄 영역에 해당합니다. 피고인에 대한 특별양형인자 중 감경요소로는 ① 유형력의 행사가 현저히 약한 경우, ② 추행의 정도가 약한 경우를 들 수 있고 가중요소는 존재하지 않습니다. 그리고 일반양형인자 중 감경요소로는 진지한 반성을 들 수 있고, 가중요소는 없습니다. 따라서 피고인에 대하여는 일반강제추행죄의 감경영역에 해당하여 그 형량 권고 범위가 1년 이하의 징역이라 할 것입니다. 그런데 본건의 유형력 행사, 추행의 정도가 현저히 약한 점에 비추어 동종 사안에서 그 형 종을 벌금형으로 선택하는 것에 비추어 피고인에게도 그 형 종으로 벌금형으로 선택하여 주실 것을 간곡히 요청 드립니다.

한편, 상술한 것처럼 피고인은 곧 합의서 또는 공탁서를 제출하여 피해자에 대한 피해회복의 점을 소명하도록 할 것인바, 합의서제출 시 이에 대하여도 십분 참작하여 주시기 바랍니다.

6. 신상정보에 관한 공개, 고지명령에 관하여

본건 범행은 공개명령, 고지명령의 대상이 되는 성폭력범죄에 해당됩니다. 그러나 제37조, 제41조에 따라 신상정보를 공개, 고지하여서는 아니 될 특별한 사정이 있다고 판단되는 경우에는 공개명령, 고지명령을 면제할 수 있다 할 것입니다.

그리고 이러한 특별한 사정의 판단기준은 피고인의 연령, 직업, 재범위험성 등 행위자의 특성, 해당 범행의 종류, 동기, 범행과정 결과 및 그 죄의 경중 등 범행의 특성, 공개명령 또는 고지명령으로 인하여 피고인이 입는 불이익의 정도와 예상되는 부작용, 그로 인해 달성할 수 있는 성범죄의 예방효과이라 할 것인데, 피고인의 경우 피고인과 그 부모가 현재의 거주지 및 사업장 부근의 토박이로서 지역사회에서 널리 알려져 있어 공개명령, 고지명령으로 인하여 피고인과 그 가족이 입게 되는 인격적 침해는 현저한 반면, 이미 상당한 개선가능성이 예상되는 피고인에게 공개명령, 고지명령을 통하여 달성할 수 있는 성범죄예방의 필요성은 극히 적은 점 등을 고려할 때 <u>공개명령, 고지명령을 면제할 만한 특별한 사정이 있는 경우에 해당</u>된다 할 것입니다.

따라서 피고인에게 공개명령, 고지명령의 병과를 면제하여 주실 것을 간곡히 요청 드립니다.

7. 결론

이상의 사정을 종합하여 법이 허용하는 범위 내에서 피고인에게 최대한의 선처와 관용을 베풀어 주실 것을 간곡히 부탁드리며, 혹여나 합의서가 제출될 경우 공소기각의 판결을 하여 주실 것을 요청 드립니다.

○○○○ 년 ○○ 월 ○○ 일

위 피고인 : ○ ○ ○ 　(인)

창원지법 형사2단독 귀중

의 견 서

사건번호 : ○○○○고단○○○○호 개인정보누설 등

피 고 인 : ○   ○   ○

전화번호 : 010 - 5880 - 0000

중앙지법 형사5단독 귀중

의　견　서

사　건 : ○○○○고단○○○○호　개인정보누설 등

피 고 인 : ○　　　○　　　○

전화번호 : 010 - 5880 - 0000

이 의견서는 피고인의 진술권 보장과 공판절차의 원활한 진행을 위하여 제출하도록 하는 것입니다.

피고인은 다음의 사항을 기재하여 이 양식을 송부 받은 날로부터 7일 이내에 법원에 제출하시기 바랍니다.

진술을 거부하는 경우에는 진술을 거부한다는 내용을 기재하여 제출할 수 있습니다.

이 의견서는 피고인에 대한 양형자료로 사용될 수 있으니 영향에 참작할 유리한 내용이 있는 경우 빠짐없이 기재해 주시기 바랍니다.

1. 공소사실에 대한 의견

　가, 공소사실의 인정여부

　　　① 공소사실을 모두 인정함(　)
　　　② 세부적으로 약간 다른 부분은 있지만 전체적으로 잘못을 인정함(○)
　　　③ 여러 개의 공소사실 중 일부만 인정함(　)
　　　④ 공소사실을 인정할 수 없음(　)
　　　⑤ 진술을 거부함(　)

나, 공소사실을 인정하지 않거나(1의 가,③,④ 중 어느 하나를 선택한 경우), 사실과 다른 부분이 있다고 하는 경우(1의 가,②를 선택한 경우) 그 이유 구체적으로 밝혀 주시기 바랍니다.

공소사실에 의하면 피고인이 마치 개인정보를 유출한 것으로 기재되어 있으나 피고인은 인터넷상의 어느 사이트에 게재되어 있는 자량등록원부를 다운로드 받아 피고인의 컴퓨터 하드디스크에 저장만하였고 이를 위조하거나 변조하지 않았습니다.

2. 절차진행에 대한 의견

가, 이 사건 이외의 현재 재판진행 중이거나 수사 중인 다른 사건이 있다면, 해당 수사기관이나 법원과 그 사건명, 당사자 명을 기재하여 주시기 바랍니다.

없습니다.

나, 이 사건 재판을 진행하기 전에 법원에 이야기하고 싶은 특별한 사정이 있습니까?

없습니다.

다, 이 사건 재판의 절차 진행에 있어, 법원에서 참작해 주기를 바라는 사항이 있으면, 구체적으로 밝혀 주시기 바랍니다.

피고인은 ○○○○에 게재되어 있는 ○○구청발행의 자동차등록증을 아무런 생각 없이 다운로드 받은 후 피고인의 PC에 저장한 사실은 있어도 이를 위조하거나 사용한 사실이 전혀 없으며 피고인으로서는 위조된 것이라는 것을 전혀 모르고 다운로드만 받아 컴퓨터에 저장한 사실은 있습니다.

앞으로는 절대 이러한 일이 없도록 하겠습니다.

정말 죄송하고 잘 몰랐습니다.

컴퓨터에 저장만 하고 타에 누설하지 않았습니다.

절대 이러한 일이 없도록 항상 조심하겠습니다.

3. 성행 및 환경에 관한 의견

가, 가족관계

① 가족사항(사실상의 부부나 자녀도 기재하며, 중한 질병 또는 장애가 있는 등 특
   별한 사정은 비고란에 기재)

관계	성 명	나이	학력	직업	동거여부	비 고
본인	○○○	26		취업준비	○	
부	○○○	53		회사원	○	
모	○○○	55		주부	○	

② 주거사항

자가 소유(시가 : 배우자명의   원 정도)

전세(보증금 :   원)

월세(보증금 :   원, 월세 :   원,

기타(무상거주 : 소유자 누나 ○○○)

③ 가족의 수입

아버지 월 1,500,000원 정도 됩니다.

나, 피고인의 학력·직업 및 경력

  ① 피고인의 학력

     고졸

  ② 과거의 직업, 경력

     취업준비생

  ③ 현재의 직업 및 월수입, 생계유지 방법

     피고인은 취업을 준비 중에 있으며 아버지께서 벌어오는 월 1,500,000원
     의 수입으로 전 가족이 생활하고 있는 실정입니다.

  ④ 향후 취직을 하거나 직업을 바꿀 계획 유무 및 그 내용 자격증 등 소지 여부
     취업을 준비하고 있습니다.

     취득한 자격증은 없으나 차량정비기사자격을 취득하고 싶습니다.

다, 성장과정 및 생활환경(부모나 형제와의 관계, 본인의 결혼생활, 학교생활, 교우관계,
   성장환경, 취미, 특기, 과거의 선행 등을 기재)

     피고인은 독자로 1990년 서울시 서초구 원지동에서 출생하여 택배사무실에서
     택배 업무를 보시는 아버지 그리고 어머니께서는 하나밖에 없는 아들인 피고인
     을 위해 허드렛일을 마다하지 않으시고 늘 노심초사하시는 부모님과 함께 누나
     집에서 거주하고 있으나 어려서부터 저는 자동차정비기사의 꿈을 가지고 열심히
     공부하려 있고 고아원이나 사화봉사단체에 찾아가 봉사를 하는가하면 길을 지나

가다가도 연로하신 어르신을 보면 끝까지 도와드리고 싶은 성격으로 학창시설엔 친구들과도 잘 어울리는 생활을 해왔습니다.

라, 피고인 자신이 생각하는 자기의 성격과 장단점

피고인은 약간의 내성적인 성격으로 참을성이 부족 된다고 봅니다.

하는 일에 집중력이 부족함을 깨우치고 저의 단점을 최대한 고치려고 노력을 하고 있습니다.

4. 정상에 관한 의견(공소사실을 인정하지 않는 경우 기재하지 않아도 됨)

가, 범행을 한 이유

저는 자동차에 대한 많은 관심을 가지고 자동차관련 사이트를 자주 방문하여 그곳에 올라온 자동차를 많이 검색하는 편입니다.

사건 당일 피고인은 아무런 뜻도 없이 보배드림이라는 중고자동차 판매 사이트를 방문했는데 여기에 게재된 자동차등록증을 호기심에 다운로드를 받아 후일 필요할 수도 있겠다는 생각으로 컴퓨터에 저장한 것뿐인데 이것이 이렇게까지 큰 문제가 되고 재판까지 받아야 하는 범죄인 줄은 꿈에서도 몰랐습니다.

호기심에 다운로드 받은 것이 전부이고 컴퓨터에 저장하였고 다른 어느 누구에게 유통하지 않았습니다.

정말 모르고 한 것이지만 피눈물을 흘리면서 반성하고 잘못을 깊이 뉘우치고 있습니다.

앞으로는 절대 이런 일 없도록 하겠습니다.

한번만 용서해 주시고 저 좀 살려주세요.

나, 피해자와의 관계

피고인은 전연 모르는 사람입니다.

피해자의 개인정보가 유출하지도 않았지만 저로 인하여 피해를 입으신 피해자께 진심으로 사죄드리고 싶습니다.

다, 합의여부(미합의인 경우 합의 전만, 합의를 위한 노력 및 진행상황)

피고인이 피해자의 개인정보를 누설하지 않았지만 피해자께 용서를 빌고 싶습니다.

다만, 피고인의 행동으로 인하여 피해를 입은 사실이 있거나 피고인이 변상해야 할 것이라면 언제든지 그 피해를 변제하고 합의할 용의가 있습니다.

라, 범행 후 피고인의 생활

피고인은 현재 열심히 취업준비를 하고 있습니다.
틈틈이 자동차정비기사의 공부도 열심히 병행하고 있습니다.

마, 현재 질병이나 신체장애 여부

없습니다.

바, 억울하다고 생각되는 사정이나 애로사항

인간이면 누구나 실수도 할 수 있습니다.
그렇다고 해서 피고인의 행동이 잘했다는 것은 아닙니다.

한참 취업준비도 해야 하고 결혼도 해야 하고 보모님도 모셔야 하는 구만리 같은 젊은 나이에 이번과 같은 죄를 범하고 부모님께 부끄럽고 죽을죄를 겼습니다,

아무런 뜻도 없이 우연히 사이트에 게재한 자동차등록증을 다운로드 컴퓨터에 무심코 저장한 것 이외에는 전송하거나 타에 사용하지 않아 다행이라고 생각합니다.

이러한 저의 잘못을 꾸짖고 처벌만이 능사는 아니라고 생각합니다.

피고인에게 다시 태어날 수 있는 기회를 주시면 재판장님의 뜻을 되새기고 다시는 이런 일 없게 하겠습니다.

젊은 저에게 선처를 호소합니다.
한번 만 용서해 주시면 정말 이런 일 없도록 하겠습니다.

사, 그 외의 형을 정함에 있어서 고려할 사항

피고인의 가정형편은 정말 어렵습니다.

아버지께서 벌어오는 월 1,500,000원의 봉급으로는 우리식구들의 생활비에도 턱없이 부족한 생활을 하는 처지에서 이런 일까지 저질렀다는 자체가 한심해서 정말 얼굴을 들지 못할 지경입니다.

피고인이 모르고 한 짓이고 호기심으로 다운로드 받아 컴퓨터에 저장만 하여 피해가 없고 경미하다는 점 감안하시어 관용을 베풀어 주시기 바랍니다.

이러한 여러 가지의 사정을 헤아려 주시고 한번 만 선처해 주시길 간절히 호소

합니다.

소명자료 및 첨부서류

1. 가족관계증명서   1부

○○○○ 년 ○○ 월 ○○ 일

위 피고인 : ○ ○ ○   (인)

중앙지법 형사5단독 귀중

의　견　서

사　　건 : ○○○○고단○○○○호　공무집행방해

피 고 인 : ○　　　　○　　　　○

전화번호 : 010 - 1234 - 0000

대구지법 형사3단독 귀중

의　견　서

사　　건 : ○○○○고단○○○○호　공무집행방해

피 고 인 : ○　　　○　　　○

전화번호 : 010 - 1234 - 0000

이 의견서는 피고인의 진술권 보장과 공판절차의 원활한 진행을 위하여 제출하도록 하는 것입니다.

피고인은 다음의 사항을 기재하여 이 양식을 송부 받은 날로부터 7일 이내에 법원에 제출하시기 바랍니다.

진술을 거부하는 경우에는 진술을 거부한다는 내용을 기재하여 제출할 수 있습니다.

이 의견서는 피고인에 대한 양형자료로 사용될 수 있으니 영향에 참작할 유리한 내용이 있는 경우 빠짐없이 기재해 주시기 바랍니다.

1. 공소사실에 대한 의견

　가, 공소사실의 인정여부

　　　① 공소사실을 모두 인정함(○)
　　　② 세부적으로 약간 다른 부분은 있지만 전체적으로 잘못을 인정함(　　)
　　　③ 여러 개의 공소사실 중 일부만 인정함(　　)
　　　④ 공소사실을 인정할 수 없음(　　)
　　　⑤ 진술을 거부함(　　)

나, 공소사실을 인정하지 않거나(1의 가,③,④ 중 어느 하나를 선택한 경우), 사실과 다른 부분이 있다고 하는 경우(1의 가,②를 선택한 경우)그 이유 구체적으로 밝혀 주시기 바랍니다.

2. 절차진행에 대한 의견

가, 이 사건 이외의 현재 재판진행 중이거나 수사 중인 다른 사건이 있다면, 해당 수사기관이나 법원과 그 사건명, 당사자 명을 기재하여 주시기 바랍니다.

없습니다.

나, 이 사건 재판을 진행하기 전에 법원에 이야기하고 싶은 특별한 사정이 있습니까?

없습니다.

다, 이 사건 재판의 절차 진행에 있어, 법원에서 참작해 주기를 바라는 사항이 있으면, 구체적으로 밝혀 주시기 바랍니다.

피고인은 사건 당일 만취한 상태에서 기억이 잘 나지 않지만 당시 동석했던 친구로부터 사건의 경위를 전해 듣고 아는 것 이 전부입니다.
앞으로는 절대 이러한 일이 없도록 하겠습니다.

3. 성행 및 환경에 관한 의견

가, 가족관계

① 가족사항(사실상의 부부나 자녀도 기재하며, 중한 질병 또는 장애가 있는 등 특별한 사정은 비고란에 기재)

관계	성 명	나이	학력	직업	동거여부	비 고
본인	○○○	54	고졸	천공기사	○	
처	○○○	50	고졸	주부	○	뇌경색, 감암 판정
자	○○○	27	고졸	무직	○	
녀	○○○	24	대학	학생	○	

② 주거사항

자가 소유(시가 : 배우자명의 290,000,000원 정도)

전세(보증금 :   원)

월세(보증금 :   원, 월세 :   원,

기타(여인숙,   노숙 등)

③ 가족의 수입

없습니다.

나, 피고인의 학력·직업 및 경력
　① 피고인의 학력

고졸

② 과거의 직업, 경력

천공기사(약 27년 정도 경력)

③ 현재의 직업 및 월수입, 생계유지 방법

피고인이 천공기사로 일하고 매월 급료로 지급받는 금 1,300,000원의 수입으로 전 가족이 생활하고 있는 실정입니다.

④ 향후 취직을 하거나 직업을 바꿀 계획 유무 및 그 내용 자격증 등 소지 여부

없습니다.

다, 성장과정 및 생활환경(부모나 형제와의 관계, 본인의 결혼생활, 학교생활, 교우관계, 성장환경, 취미, 특기 , 과거의 선행 등을 기재)

피고인은 장남으로 경상북도 상주에서 출생하여 아버지께서는 몇 년 전에 지병으로 돌아가시고 현재는 노모님은 막내 동생과 고향 상주에서 살고계시고 비교적 남부럽지 않은 결혼생활을 하던 중, 배우자가 갑자기 뇌경색으로 쓰러지는 바람에 경북대학교병원에서 대수술을 받아 치료를 받던 중 엎친 데 덮친 격으로 간암진단까지 받은 상태에서 집에서 요양가료 중에 있으며 피고인은 어릴 때부터 친구들과 잘 어울리는 성격으로 틈나는 대로 사화봉사활동도 하고 있습니다.

라, 피고인 자신이 생각하는 자기의 성격과 장단점

피고인은 약간의 내성적인 성격으로 참을성이 부족 된다고 봅니다.

4. 정상에 관한 의견(공소사실을 인정하지 않는 경우 기재하지 않아도 됨)

가, 범행을 한 이유

가까운 친구인 ○○○(현재 스텐공장을 운영하고 있습니다.)를 사건 당일 오후 10시경 허허벌판이라는 술집에서 만나 업무와 관련하여 이런 저런 의논을 하다

가 술을 마시고 술자리가 끝날 무렵 친구가 허허벌판술집에서 피고인의 차량(봉고트럭입니다.)을 대리 운전할 기사를 불러달라고 부탁하자 대리기사가 허허벌판술집으로 전화가 왔는데 요금이 얼마냐고 묻자 10,000원이라고 해서 대리기사를 불렀는데 주차장으로 도착한 대리기사는 피고인이 사는 ○○롯데캐슬로 들어가면 나　올 때는 빈손으로 손님이 없다면서 못가겠다는 태도를 보여 친구가 대리기사에게 요금으로 20,000원까지 지급하였는데 시비를 붙는 바람에 그만 옆에서 그 말을 듣고 있던 피고인이 대리기사와 말다툼을 한 것뿐인데 대리기사가이에 앙심을 품고 112신고한 것으로 알고 있습니다.

피고인은 만취상태로 전연 기억은 없습니다만, 그 이튼 날 친구에게 물어보고서야 말다툼을 하고 경찰관이 출동하고 지구대로 연행되어 조사를 받았다는 사실을 알았습니다.

그러나 친구의 말이나 피고인의 기억으로는 말다툼은 있었지만 그렇다고 해서 피고인이 대리기사나 출동한 경찰관을 폭행한 사실은 전혀 기억나지 않습니다.

나, 피해자와의 관계

대리기사로서 피고인이 친구와 술을 마셨던 허허벌판이라는 술집에서 불렀던 사람으로 피고인은 전연 모르는 사람입니다.

더 이상은 아무런 생각이 나지 않습니다.

다, 합의여부(미합의인 경우 합의 전만, 합의를 위한 노력 및 진행상황)

피고인이 폭행을 하였다거나 상대방과 말다툼을 한 것도 만취상태에서 전연 기억을 하지 못하고 있습니다.

다만, 피고인의 행동으로 인하여 피해를 입은 사실이 있거나 피고인이 변상해야 할 것이라면 언제든지 그 피해를 변제하고 합의할 용의가 있습니다.

라, 범행 후 피고인의 생활

피고인은 현재 각 현장마다 다니면서 천공기사로서의 업무에 충실하고 있습니다.

마, 현재 질병이나 신체장애 여부

없습니다.

바, 억울하다고 생각되는 사정이나 애로사항

인간이면 누구나 실수도 할 수 있습니다.
그렇다고 해서 피고인의 행동이 잘했다는 것은 아닙니다.

만취한 상태에서 잠시 이성을 잃고 실수를 한 것이지만 대리기사도 피고인의 집까지 가겠다고 해서 대리를 불렀는데 주차장까지 와놓고 나올 때 빈손으로 손님이 없어서 못가겠다고 하는 바람에 순간적으로 그만 감정을 억제하지 못하고 이러한 행동을 한 것에 대하여 깊이 뉘우치고 많은 것을 반성하고 또 반성했습니다.

피고인은 그 누구보다도 피고인이 옆에 없으면 잠시라도 한발 짝도 움직이지 못하는 병든 아내를 생각해서 정말 열심히 노력하고 있습니다.

뇌경색으로 쓰러진 것도 원통한 일인데 여기에 간암진단까지 받은 아내에게 늘 미안하고 부끄러운 행동을 하여 죄송합니다.

아무것도 모르는 아내가 무슨 죄가 있습니까.
모두가 피고인이 못난 탓입니다.
불쌍한 우리 아내를 불쌍하게 여기시고 피고인에게 선처를 호소합니다.

사, 그 외의 형을 정함에 있어서 고려할 사항

피고인의 가정형편은 정말 어렵습니다.

피고인이 벌어오는 월 1,300,000원의 봉급으로는 아내의 병원비에 약값으로 딸 아이의 학비에도 턱없이 부족한 생활을 하는 처지에서 이런 일까지 저질렀다는 자체가 한심해서 참아 얼굴을 들지 못할 지경입니다.

죽을죄를 졌습니다.
정말 죄송합니다.

피고인에게 한번 만 기회를 주시면 이참에 아예 술도 끊고 살날이 얼마나 남았는지 알 수는 없지만 불쌍한 아내를 위해서 앞만 바라보고 더욱더 열심히 살겠습니다.

부디 피고인에게는 다 죽어가면서도 영문도 모르고 피고인의 손길을 애타게 기다리는 우리 불쌍한 아내를 위해서라도 피고인을 선처해 주시길 간절히 호소합니다.

소명자료 및 첨부서류

1. 배우자에 대한 진단서   1부
1. 급여명세서 또는 갑근세내역서   1부

○○○○ 년 ○○ 월 ○○ 일

위 피고인 : ○ ○ ○   (인)

대구지법 형사3단독 귀중

의　　견　　서

사　　　　　건　：　○○○○고단○○○○호　특정범죄가중처벌등에관한법률위반(위
험운전 치상) 등

피 고 인 : ○　　　○　　　○

청주지방법원 형사○단독 귀중

의　　견　　서

사　　　　　　　건 : ○○○○고단○○○○호　특정범죄가중처벌등에관한법률위반(위험운
전 치상) 등

피　고　인 : ○　　　　○　　　　○

이 의견서는 피고인의 진술권 보장과 공판절차의 원활한 진행을 위하여 제출하도록 하는
것입니다. 피고인은 다음 사항을 기재하여 이 양식을 송부 받은 날로부터 <u>7일 이내에</u> 법원
에 제출하시기 바랍니다. 진술을 거부하는 경우에는 진술을 거부한다는 내용을 기재하여 제
출할 수 있습니다.

이 의견서는 피고인에 대한 양형자료로 사용될 수 있으니 양형에 참작할 유리한 내용이 있
는 경우 빠짐없이 기재해 주시기 바랍니다.

1. 공소사실에 대한 의견

　가. 공소사실의 인정 여부

　　　(1) 공소사실을 모두 인정함(○)

　　　(2) 세부적으로 약간 다른 부분은 있지만 전체적으로 잘못을 인정함(　)

　　　(3) 여러 개의 공소사실 중 일부만 인정함(　)

　　　(4) 공소사실을 인정할 수 없음(　)

　　　(5) 진술을 거부함(　)

　나. 공소사실을 인정하지 않거나{1의 가. (3), (4) 중 어느 하나를 선택한 경우}, 사실

과 다른 부분이 있다고 하는 경우{1의 가. (2)를 선택한 경우}, 그 이유를 구체적으로 밝혀 주시기 바랍니다.

피고인은 이 사건 공소사실은 모두 인정하고 또한 깊이 뉘우치고 뼈저리게 반성하고 있습니다.

다만, 피고인은 사고 당일 다니는 직장에서 청주시 흥덕구 ○○로 소재의 갈매기살 고기 집에서 퇴근 후인 오구 6시 30분경 회식하는 자리에서 약 8시까지 술을 마신 상태에서 피고인은 음주운전을 피하려고 평소 자주 가던 볼링장에서 지인들과 어울려 11시 30여분까지 시간을 보대다가 이 정도의 시간이 흘렀기 때문에 운전을 해도 괜찮겠다는 착오에 의하여 이번과 같은 사고를 낸 것에 대하여 사죄의 말씀부터 드리겠습니다.

이유여하를 불문하고 술을 먹고 해서는 아니 되는 음주운전을 하고 그것도 사람까지 다치게 한데 대해서는 피해자께 죄송하고 부모님께 죄송스러워 얼굴을 들지 못할 지경입니다.

정말 있을 수 없는 죄를 지고 말았습니다.

피고인이 저지른 잘못을 재판장님께서 보실 때 마치 변명으로 비춰질 수도 있겠지만 피고인으로서는 법원에서 난생처음으로 의견서를 써내라는 연락을 받고 그 자리에 쓰러져 한참동안 정신까지 잃었습니다.

판결을 내리시는 재판장님께서 보실 때는 피고인에 대한 음주운전의 적발과 사고의 경위에 대하여 진실이 허락하지 않는 억울한 부분이 있지만 괜히 따지는 것으로 오해를 사게 되면 판결결과에 큰 영향은 미치지나 않을까 하는 입장에서 조마조마한 심정으로 조금이라도 이해해 주셨으면 하는 마음으로 진실에 호소하겠습니다.

피고인의 범행으로 인하여 피해를 입으신 피해자께 진심으로 사죄의 말씀도 드렸습니다.

입이 열 개라도 제가 한 음주운전에 대해서 할 말은 없습니다.

당시 피고인으로서는 발뺌을 하거나 빠져나가려고 둘러대는 거짓말은 아닙니다만, 피고인은 사고 당일 회식 장소에서 술을 마셨지만 피고인은 평소에도 술을 많이 마시는 편이 아닌 반면 최소한 음주운전은 피하려는 생각으로 지인들과 회식장소의 근처에 있는 볼링장에서 상당한 시간을 보낸 후 이정도면 별문제가 없겠다는 착오를 일으켜 그만 운전을 하다가 일어난 사고라는 사실만은 분명하게 말씀올리고 또 드리고 싶습니다.

피고인으로서는 음주운전을 한 것은 맞습니다.

그러나 저의 음주운전이 의도적으로 음주운전을 한 것으로 비춰져 정말로 안타까울 뿐입니다.

피고인이 행한 음주후의 상황으로 볼 때 엄청난 시간도 흘렀고 이 정도면 피고인이 운전해도 아무런 문제가 없을 것으로 착오하여 일어난 일이지만 이 같은 일이 생기리란 전혀 생각하지 못했습니다.

아무것도 모르고 계시는 부모님을 생각하면 미안하고 죄송한 마음 때문에 지금도 눈앞을 가립니다.

택시기사로 일하시다 갑자기 뇌졸중으로 쓰러지신 아버지와 지금도 식당에 나가셔서 허드렛일도 마다하지 않으시는 우리 어머님을 생각하면 모두가 하루아침에 물거품이 되고만 느낌은 나이어린 피고인이 감당하기엔 너무나 가혹하고 견딜 수 없는 고통일 수밖에 없습니다.

피고인은 이번의 사고로 인하여 다니는 직장도 언제 어떻게 그만 둬야할지 걱정이 이만저만이 아닙니다.

피고인이 다니는 직장은 우리 부모님께는 큰 행복이었는데 이 행복도 저의 실수로 물거품은 되지 않을까 걱정도 앞섭니다.

2. 절차진행에 대한 의견

가. 이 사건 이외에 현재 재판진행 중이거나 수사 중인 다른 사건이 있다면, 해당 수사기관이나 법원과 그 사건명, 당사자 명을 기재하여 주시기 바랍니다.

없습니다.

나. 이 사건 재판을 진행하기 전에 법원에 이야기하고 싶은 특별한 사정이 있습니까?

한순간의 착오로 인하여 돌이킬 수 없는 상황으로까지 전개되어 모든 삶을 고스란히 내려놓을지도 모른다는 생각에 한동안 실의에 빠져 있다가 제가 음주운전으로 사고를 낸 사실조차 까마득히 잊고 우리 부모님만 생각하고 정말 열심히 일만했습니다.

피고인에 대한 절박한 사정도 사정이지만 저의 실수로 고통을 받아야 할 부모님을 생각하면 그 걱정 때문에 밤잠을 이루지 못하고 재판장님 앞에서 재판받을 날자가 하루하루 앞으로 다가온다고 생각하면 다리가 후들후들 떨리고 눈앞이 캄캄하고 아무것도 보이지 않는 바람에 매일 직장에서도 정신을 멍하니 잃고 있습니다.

가장 걱정이 앞서는 것이 있다면 제가 직장에서 쫓겨나게 되면 우리 부모님은 누가 부양할지 인생낙오자가 되는 꿈을 꾸고 하물며 악몽까지 꿀 정도로 고통에 시달리고 있습니다.

재판장님께서 제가 인생낙오자가 되지 않게 한번만 도와주시면 감사하겠습니다.

이제 이런 악몽에서도 벗어나게 도와주시면 고맙겠습니다.
제가 열악한 한 가정의 가장으로 부모님을 모시고 열심히 살 수 있도록 기회를 주시면 다시는 이런 일이 없도록 하겠습니다.

술은 아예 먹지 않기로 작정했습니다.
한순간의 실수가 저에게나 온 가족의 소망을 한꺼번에 내려놓아야 하는 절박한 처지를 원망하면서 저는 아무것도 먹지 못하고 눈물로 지세우고 있습니다.

한번만 피고인을 용서해 주시면 다시는 법정에 서는 일 없도록 하겠습니다.

다 제가 잘못해서 일어난 일인데 절대 남을 탓할 일도 아니라고 생각하고 조금 일찍 일어나서 자전거를 이용하거나 버스를 타고 살아가려고 합니다.

술을 먹지 않겠다고 생각한 후 무엇보다도 마음까지 편해졌습니다.
앞으로는 절대로 법정에 서는 일 없도록 하겠습니다.

피고인에게 선처를 간곡히 호소합니다.

피고인에게 한 번만 더 기회를 주시면 정말 이런 일 생기지 않도록 하겠습니다.

다. 이 사건 재판의 절차 진행에 있어, 법원에서 참작해 주기를 바라는 사항이 있으면, 구체적으로 밝혀 주시기 바랍니다.

본건 공소사실에 대하여 검찰제출의 증거사용에 동의하겠습니다.

모두 인정하겠습니다.

3. 성행 및 환경에 관한 의견

가. 가족관계

(1) 가족사항 (사실상의 부부나 자녀도 기재하며 중한 질병 또는 장애가 있는 등 특별한 사정은 비고란에 기재)

관계	성 명	나이	학력	직업	동거여부	비 고
본인	○○○	27	전문대	사원	○	
부	○○○	58	고졸	택시기사	○	뇌졸중
모	○○○	57	고졸	미화원	○	불편함
누나	○ ○	29	대졸	취업준비	○	

(2) 주거사항

자가 소유(시가 :   정도)

전세(보증금 : 8,000만원, 대출금 3,000만원)

월세(보증금 :   원)

기타(무상거주 :   )

(3) 가족의 수입

현재는 아버지께서 뇌졸중으로 쓰러지신 후 피고인과 어머님께서 미화원으로 일하고 벌어오는 수입을 합하여 월평균 220만원으로 생활하고 있습니다.

나. 피고인의 학력 · 직업 및 경력

(1) 피고인의 학력

피고인은 ○○○○. ○○. ○○초등학교를 졸업했습니다.
피고인은 ○○○○. ○○. ○○중학교를 졸업했습니다.
피고인은 ○○○○. ○○. ○○고등학교를 졸업했습니다.
피고인은 ○○○○. ○○. ○○대학 자동차학과를 졸업하였습니다.

(2) 과거의 직업, 경력

피고인은 현재의 작장에서 열심히 일하고 있습니다.

(3) 현재의 직업 및 월수입, 생계유지 방법

피고인과 어머님께서 아파트 미화원으로 일하시고 얻는 월 220만 원 정도의 수입으로 아버님의 병원비와 대출의 이자를 지급하면서 정말 어렵게 생활하고 있습니다.

(4) 향후 취직을 하거나 직업을 바꿀 계획 유무 및 그 내용, 자격증 등 소지 여부

피고인으로서는 자동차 과를 졸업해 현재의 직장에서 설비예방보전을 담당하는 관계로 틈틈이 이 분야에 매진하기 위하여 열심히 공부하여 설비분야의 자격증을 취득하려고 목표를 세우고 열심히 노력하고 있습니다.

다. 성장과정 및 생활환경 (부모나 형제와의 관계, 본인의 결혼생활, 학교생활, 교우관계, 성장환경, 취미, 특기, 과거의 선행 등을 기재)

피고인의 성격은 차분하면서도 활발하며 항상 남에게 베풀고 싶은 성격을 가지고 있습니다.

힘든 분들을 위해 봉사한다는 생각으로 매사 적극적으로 추진해내려는 성격도 지니고 있습니다.

특히 주변 분들과 운동을 하는 등 건강은 양호하고 학교생활에서도 친구들과 정말

사이좋게 지내는 친구들이 주변에 많고 지금도 우리 친구들을 자주 만나고 있습니다.

피고인은 틈틈이 봉사활동을 해오고 있고 작은 금액이지만 성의껏 소외계층을 위해 꾸준히 기부도 하려고 노력하고 있습니다.

라. 피고인 자신이 생각하는 자기의 성격과 장·단점

피고인은 차분한 성격을 지니고 매사에 적극적인 의지를 가지고 있습니다.

4. 정상에 관한 의견(공소사실을 인정하지 않는 경우 기재하 지 않아도 됨)

가. 범행을 한 이유

피고인은 사고 당일 직장동료들과 회식 겸 저녁식사를 하는 자리에서 술을 마신 후 회식이 끝날 무렵인 8시경부터 술이 깬 후에 운전할 요량으로 지인들과 근처 볼링장으로 자리를 옮겨 볼링장에서 장장 3시간 반 동안을 보냈기 때문에 이제 운전해도 별문제가 없을 것으로 생각하고 운전을 하다가 그만 이번과 같은 사고가 발생하였습니다.

피고인의 착오에 의한 운전으로 이번과 같은 사고가 발생한 것으로 피고인은 이유 여하를 막론하고 자복하며 반성하고 있습니다.

이런 일이 생기고 보니 부모님과 누나 보기가 얼마나 미안한지 얼굴을 제대로 바라보지 못할 행동을 하고 말았습니다.

피고인은 뼈저리게 뉘우치고 반성하고 또 반성하고 있습니다.

나. 피해자와의 관계

모르는 분이 십니다.

다. 합의 여부 (미합의인 경우 합의 전망, 합의를 위한 노력 및 진행상황)

피고인으로서는 이 사건 사고발생이후 보험회사로 사고 적부한 후 모든 피해사항을 보험회사로부터 피해복구를 조치하였습니다.

피고인으로서도 피해자에게 피해회복을 위하여 보험회사에게 요청을 하는 등 최선을 다했습니다.

정중하게 사과의 말씀도 드렸습니다.

피고인으로서는 재판장님께서 조금만 시간을 주시면 피해자와의 합의를 반드시 성사시키겠습니다.

백번 천 번 사죄의 말씀은 드렸으나 경미한 사고였고 보험회사에서 모든 손해를 보상한 것으로 생각했기 때문에 피해자와 합의를 해야 할 생각은 하지 못하고 있다가 법원에서 보내온 의견서 내용에 합의에 관한 내용의 질문사항을 보고 새삼 느꼈습니다.

정말 죄송합니다.

라. 범행 후 피고인의 생활

피고인은 이 사건 범행의 잘못을 뉘우치고 위 범행을 자복하며, 우리 가족의 생계 유지를 위해 열심히 직장생활에 최선을 다하고 있습니다.

혹시나 부모님께서 피고인에 대한 일을 아시고 쓰러지시면 어떻게 하나 하는 걱정이 앞서 늘 노심초사하고 있습니다.

저에 대한 잘못으로 숨소리도 부모님 앞에서는 죽이고 지내고 있습니다.

눈치만 보고 더 열심히 하고 있습니다.

마. 현재 질병이나 신체장애 여부

건강은 양호한 편입니다.

바. 억울하다고 생각되는 사정이나 애로사항

피고인은 잘못을 깊이 뉘우치고 반성하고 있는 점 들을 두루 살피시어 선처를 간곡히 호소합니다.

피고인이 음주후의 상당한 시간을 보내고 가급적이면 음주운전을 피하려고 노력을 했었는데 그만 이제는 괜찮겠다는 잘못된 착오에 사고로서 피고인은 많은 것을 깊이 뉘우치고 잘못을 반성하고 있습니다.

피고인은 이번의 사고에 대한 후유증도 크고 정신적으로도 많은 고통을 겪어야 하는 상황에서 존경하는 재판장님의 판결에 따라 피고인에게는 목숨이 달려있고 부모님도 편히 모실 수 있습니다.

법 이전에 한 인간을 불쌍히 여기고 자비로우신 우리 재판장님의 판결이 피고인으로 하여금 다시금 기회를 주시고 피고인의 장래를 위하여 늘 학수고대하시고 계시며 아파트 단지에서 미화원으로 허드렛일도 마다하지 않고 뒷바라지를 해주시는 우리 어머니께 격려와 위안이 될 것이라고 믿어 의심치 않습니다.

저는 재판장님의 소중한 뜻이 무엇인지를 되새기고 다시는 이런 일이 생기지 않도록 하겠습니다.

또한 피해자에게는 보험회사에서 부족함이 없도록 피해회복에 만전을 기하고 있는 것을 감안하시어 피고인에게 무거운 족쇄로 단죄할 것이 아니라 착오에 의하여 한 순간의 실수를 행한 피고인에게 다시 한 번의 기회를 주신다는 의미에서 이번에 한하여 다니는 직장에서도 아무런 탈이 생기지 않는 범위 내에서 선처를 허락하여 주실 것을 아울러 간곡히 호소합니다.

사. 그 외형을 정함에 있어서 고려할 사항

다시 한 번 피고인에 대한 선처를 호소합니다.

5. 양형을 위하여 조사해 주기를 바라는 사항

가. 피고인의 부모, 형제, 친척, 친구 등 양형조사를 해주기 바라는 사람의 이름과 연락처를 구체적으로 기재

없습니다.

나. 피고인의 양형을 위하여 유리한 문서, 서류 기타 관련 증거 등에 관하여 구체적으로 (소재지 등) 기재

없습니다.

6. 법원조사관의 면담을 원하는지 여부

법원조사관을 면담하여 양형에 관한 사실 및 의견에 관하여 도움을 받고 싶은가요?

(1) 원한다(   )
(2) 원하지 않는다(○)
(3) 기타(   )

소명자료 및 첨부서류

1. 가족관계증명서   1통

○○○○ 년 ○○ 월 ○○ 일

위 피고인 : ０ ０ ０ (인)

청주지방법원 형사○단독 귀중

의　견　서

사　　　건 :　○○○○고단○○○○호　　성매매알선 등
　　　　　　　　　○○○○형제○○○○호　　성매매알선 등

피 고 인1 :　○　　　　○　　　　○

대구지방법원 형사○○단독 귀중

의　견　서

사　　　건 :　○○○○고단○○○○호　　성매매알선 등
　　　　　　　　　○○○○형제○○○○호　　성매매알선 등

피 고 인1 :　○　　　　○　　　　　○

이 의견서는 피고인의 진술권 보장과 공판절차의 원활한 진행을 위하여 제출하도록 하는
것입니다. 피고인은 다음 사항을 기재하여 이 양식을 송부 받은 날로부터 <u>7일 이내에</u> 법원
에 제출하시기 바랍니다. 진술을 거부하는 경우에는 진술을 거부한다는 내용을 기재하여 제
출할 수 있습니다.

이 의견서는 피고인에 대한 양형자료로 사용될 수 있으니 양형에 참작할 유리한 내용이 있
는 경우 빠짐없이 기재해 주시기 바랍니다.

1. 공소사실에 대한 의견

　가. 공소사실의 인정 여부

　　　(1) 공소사실을 모두 인정함(○)

　　　(2) 세부적으로 약간 다른 부분은 있지만 전체적으로 잘못을 인정함(　)

　　　(3) 여러 개의 공소사실 중 일부만 인정함(　)

　　　(4) 공소사실을 인정할 수 없음(　)

　　　(5) 진술을 거부함(　)

　나. 공소사실을 인정하지 않거나{1의 가. (3), (4) 중 어느 하나를 선택한 경우}, 사실

과 다른 부분이 있다고 하는 경우{1의 가. (2)를 선택한 경우}, 그 이유를 구체적으로 밝혀 주시기 바랍니다.

피고인1은 이 사건 공소사실은 모두 인정하고 또한 깊이 뉘우치고 반성하고 있습니다.

다만, 피고인1은 고등학교를 졸업하고 가정형편이 어려워서 상급학교에 진학하지 못하고 아르바이트를 비롯해 경상북도 구미시에 있는 공장에서 3년 이상 근무하던 중 마트에서 상품을 진열하는 일을 하시는 어머니를 떠나 혼자 독립하겠다는 생각으로 집을 나와 지내면서 많은 돈을 벌어야 하는 가정형편 때문에 죄가 되는 줄도 모르고 이미 길이 아닌 길을 들어섰고 이제는 되돌아 볼 수 없는 상황에서 ○○○○. ○○. ○○. 오전 10:20분에 재판장님 앞에서 첫 재판을 앞두고 있습니다.

비록 피고인은 나이는 어리지만 인간 같지 않은 행동을 하고 말았습니다.

정말 죄송하고 죽을죄를 졌습니다.

그렇다고 해서 남을 탓하고 제가 저지른 범행을 발뺌하고 빠져나가려고 둘러대는 거짓말은 아닙니다만, 피고인1의 가정형편으로는 많은 사람들로부터 채무도 부담하고 있었기에 아무것도 모르고 이런 일을 해도 괜찮을 것으로 알고 혹시나 하는 생각으로 이런 일에 빠져들고 말았습니다.

불쌍하신 우리 어머니가 늦은 시간까지 마트에서 무거운 짐을 나르고 정리하는 모습을 보고 가슴이 아팠습니다.

나이는 어리지만 피고인은 무슨 일이 있어도 어머니 한분 편히 모시지 않겠나하고 너무 경솔한 생각을 하고 돈을 많아 벌어야 한다며 이런 일에 빠져들게 되어 후회하고 피눈물을 흘리며 부모님께 죄송한 마음으로 잘못을 전부 자복하고 깊이 뉘우치며 참회하고 있습니다.

피고인으로서는 하는 일마다 실패를 하고 손해만 거듭되어 죽지 않으려고 하다가 이렇게 잘못되고 만 것이지 결코 의도적으로 이런 일을 한 것은 절대 아닙니다.

2. 절차진행에 대한 의견

가. 이 사건 이외에 현재 재판진행 중이거나 수사 중인 다른 사건이 있다면, 해당 수사 기관이나 법원과 그 사건명, 당사자 명을 기재하여 주시기 바랍니다.

피고인1은 이 사건 이전인 경상북도 김천경찰서에서 조사계류 중인 사건이 먼저 발생되어 현재의 이 사건도 비슷한 시기에 조사를 받았는데 어찌된 영문인지 몰라도 먼저 수사를 진행하였던 경상북도 김천경찰서의 사건은 아직도 수사 중에 있고 이 사건과 병합되지 않고 먼저 이 사건이 기소되어 재판을 앞두고 있으므로 존경하옵는 우리 재판장님께서 이 사건과 김천경찰서에서 수사 중인 사건을 한곳으로 합쳐서 재판을 받을 수 있도록 도와 주셨으면 감사하겠습니다.

나. 이 사건 재판을 진행하기 전에 법원에 이야기하고 싶은 특별한 사정이 있습니까?

피고인1은 아무것도 모르고 죄가 안 되는 줄만 알고 한 짓이지만 그 것도 죽도록 마트에서 무거운 짐을 나르시는 어머니를 위하여 돈을 많이 벌어서 우리 어머니께 도움이 되려고 했던 것이 이렇게 되는 바람에 아무 생각도 안 납니다.
다리도 후들후들 떨리고 눈앞이 캄캄하고 아무것도 한 동안 보이지 않았습니다.

피고인1에게 가장 걱정이 앞서는 것이 있다면 부모님의 생계가 걱정입니다.
만일 제가 잘못 되기라도 하면 우리 어머님은 누가 부양하고 생계를 꾸려갈지 걱정이 앞서 재판을 앞두고 밤에 잠도 제대로 못자고 있습니다.

죽을죄를 졌습니다.

저의 범행을 빠져나가려는 속셈으로 어머님을 볼모로 잡고 핑계되는 것은 아니지만 어머님을 부양하고 고생을 벗어나게 하려는 생각으로 이런 일을 저지르고 말았습니다.

피고인의 매우 열악한 형편을 살피시어 선처를 호소합니다.

한번만 용서해 주시면 다시는 이런 일로 법정에 서는 일 없도록 하겠습니다.

피고인1 보다는 우리 불쌍한 어머님을 살피시어 한번 만 너그럽게 용서해 주시기 바랍니다.

다. 이 사건 재판의 절차 진행에 있어, 법원에서 참작해 주기를 바라는 사항이 있으면, 구체적으로 밝혀 주시기 바랍니다.

본건 공소사실에 대하여 검찰제출의 증거사용에 모두 동의하겠습니다.

모두 인정하겠습니다.

3. 성행 및 환경에 관한 의견

가. 가족관계

(1) 가족사항 (사실상의 부부나 자녀도 기재하며 중한 질병 또는 장애가 있는 등 특별한 사정은 비고란에 기재)

관계	성 명	나이	학력	직업	동거여부	비 고
본인	○○○	26	고졸	취업준비	○	
부	○○○	55	중졸	회사원	○	
모	○○○	47	고졸	종업원	○	
제	○○○	25	대졸		○	

(2) 주거사항

자가 소유(시가 :   원)

전세(보증금 :   원)

월세(보증금 : 없습니다. 월 400,000원)

기타(무상거주 :   )

(3) 가족의 수입

현재는 어머니가 마트에서 진열하는 일을 하시고 벌어 오시는 120만 원과, 아버지께서 재단사로 일을 하고 계시지만 알코올중독으로 일을 꾸준히 하지 못하셔서 매월 얻는 수입이 100만 원 정도를 가지고 온가족이 생활하고 부채에 대한 이자로 월 70여만 원이 지출되면 1달에 약 170여만 원 가지고 어렵게 생활하고 있습니다.

나. 피고인의 학력 · 직업 및 경력

(1) 피고인의 학력

○ 피고인1은 대구시 ○○구 ○○로 ○○에 있는 ○○초등학교를 ○○○○.
○. 졸업하였습니다.

○ 피고인1은 대구시 ○○구 ○○로 ○○ 소재 ○○중학교를 ○○○○. ○.
졸업했습니다.

○ 피고인1은 대구시 ○○구 ○○로 ○○에 있는 대구○○고등학교를 졸업
했습니다.

(2) 과거의 직업, 경력

피고인1은 고등학교졸업 하기 전부터 배달 일을 하는 가하면 수도 없는 아
르바이트와 경상북도 구미공단에 있는 주물공장에서 3년 간 일을 한 경력을
가지고 있습니다.

(3) 현재의 직업 및 월수입, 생계유지 방법

현재는 피고인1으로서는 아르바이트를 하면서 일당으로 1일 9만원을 지급받
고 있고 피고인1의 아버지께서 재단사로 일하고 얻는 수입 100만 원과 어
머니께서 벌어 오시는 약 120만 원으로 우리 가족의 생계를 꾸려가고 부채
의 이자 등으로 70여만을 지출하고 우리가 살고 있는 집의 월세 40만원을
내면 월 120만원으로 생계를 유지하고 있습니다.

(4) 향후 취직을 하거나 직업을 바꿀 계획 유무 및 그 내용, 자격증 등 소지 여부

피고인1으로서는 현재 도배사의 일을 따라다니면서 보조하고 아르바이트를
하고 있습니다.

이제 막 도배사라는 일을 알게 되었지만 열심히 배우며 도배일도 익히고 있기 때문에 머지않아 도배사기능사자격증을 꼭 취득하여 부모님을 편히 모셨으면 하는 꿈을 가지고 있습니다.

다시 한 번 말씀 올립니다만 나이어린 피고인1이 지금 생각하면 경솔한 짓에 목숨을 걸었던 것을 후회하고 뼈저리고 잘 못을 뉘우치고 반성하고 있습니다.

다. 성장과정 및 생활환경 (부모나 형제와의 관계, 본인의 결혼생활, 학교생활, 교우관계, 성장환경, 취미, 특기, 과거의 선행 등을 기재)

피고인은 성격이 활발하며 항상 남에게 베풀고 산다는 생각으로 매사 적극적으로 추진해내려는 성격을 지니고 있습니다.
특히 주말마다 나가 주변 분들과 운동을 하는 등 건강은 양호하고 학교생활에서는 친구들과 정말 사이좋게 우정도 돈독했던 친구들이 많습니다.

지금도 우리 친구들을 자주 만나고 있습니다.

이번과 같은 범행을 저질러 뼈저리게 뉘우치고 이런 일을 만든 저 자신은 깊이 후회하고 반성하고 있습니다.

피고인1은 자주는 하지 못하지만 소외계층으로 찾아가 봉사활동하고 있습니다.

라. 피고인 자신이 생각하는 자기의 성격과 장·단점

피고인은 차분한 성격을 지니고 매사에 적극적으로 해결하려는 의지를 지니고 있습니다.

4. 정상에 관한 의견(공소사실을 인정하지 않는 경우 기재하지 않아도 됨)

가. 범행을 한 이유

가정형편이 어렵다 보니 어린 나이에 돈을 벌어 고생고생하시는 우리 어머님 좀 편히 모셔야겠다는 생각으로 그만 해서는 안 되는 일을 하고 말았습니다.

죄가 안 되는 줄 알고 그만 경솔한 생각이 저를 이렇게 저를 망가뜨리고 말았습니다.

지금 이 시간에도 잘못을 깊이 뉘우치고 참회의 눈물을 흘리면 다시는 이러한 범행을 하지 않겠다고 감히 말씀 드릴 수 있습니다.

저 피고인1에게 아직 김천경찰서에서 수사 중에 있는 사건과 이 사건과 같이 재판을 받을 있게 허가해 주시기 바랍니다.

피고인1은 뼈저리게 뉘우치고 반성하고 또 반성하고 있습니다.

나. 피해자와의 관계

없습니다

다. 합의 여부 (미합의인 경우 합의 전망, 합의를 위한 노력 및 진행상황)

없습니다.

라. 범행 후 피고인의 생활

피고인1은 이 사건 범행의 잘못을 뼈저리게 뉘우치고 위 범행을 자복하며 잘못을
속죄하는 마음으로 도배사보조일을 열심히 하고 있습니다.

마. 현재 질병이나 신체장애 여부

건강은 양호한 편입니다.

바. 억울하다고 생각되는 사정이나 애로사항

피고인1은 잘못을 깊이 뉘우치고 반성하고 있는 점 들을 두루 살피시어 선처를 간
곡히 호소합니다.

피고인1이 범행을 한 것은 매우 잘못된 일입니다.

그러나 이러한 범행도 다 나이가 어린 탓에 죄가 안 되는 줄 알고 여우알바라는
광고사이트를 통하여 만난 여성을 상대로 하여 이러한 일을 저지르고 순순히 조사
에 응하였습니다.

여러 가지 이유랄 것은 없지만 반성하고 재범하지 않을 것임을 하늘이 두 쪽이 나
도 재판장님께 꼭 약속을 지키겠습니다.

사. 그 외형을 정함에 있어서 고려할 사항

다시 한 번 피고인에 대한 선처를 호소합니다.

간곡히 선처를 호소합니다.

피고인1은 죽을죄를 졌지만 집에는 부모님께서 피고인만 의지하고 생계를 유지하시는 부모님과 가족들을 애석하게 여기시고 이번에 한하여 관대한 처벌을 호소합니다.

5. 양형을 위하여 조사해 주기를 바라는 사항

　가. 피고인의 부모, 형제, 친척, 친구 등 양형조사를 해주기 바라는 사람의 이름과 연락처를 구체적으로 기재

　　없습니다.

　나. 피고인의 양형을 위하여 유리한 문서, 서류 기타 관련 증거 등에 관하여 구체적으로(소재지 등) 기재

　　없습니다.

6. 법원조사관의 면담을 원하는지 여부

법원조사관을 면담하여 양형에 관한 사실 및 의견에 관하여 도움을 받고 싶은가요?

(1) 원한다(　　)

(2) 원하지 않는다(　○　)

(3) 기타(   )

소명자료 및 첨부서류

1. 가족관계증명서   1통

○○○○ 년 ○○ 월 ○○ 일

위 피고인 : ○　○　○　(인)

대구지방법원 형사○○단독 귀중

의　견　서

사　　건 :　○○○○형제○○○○호　무고 등

피고소인 :　○　○　○(주민등록번호)

○○○○ 년 ○○ 월 ○○ 일

위 피고소인 : ○　○　○　　(인)

전주지방검찰청 귀중

의 견 서

사　　건　：　○○○○형제○○○○호　무고 등

피고소인　：　○ ○ ○(주민등록번호)

　　　　　　　010 ‑ 9876 ‑ 0000

위 사건에 관하여 피고소인은 다음과 같이 의견서를 제출합니다.

‑ 다　음 ‑

1. 매매계약 주장에 관련하여

　　(1) 고소인은 피고소인의 소유인 ○○도 ○○군 ○○읍 ○○리 ○○○번지 임야 14,348㎡ 외 14필지를 총 43억 원에 매수하는 계약을 체결하고 2005. 7. 13. 매매예약의 가등기를 하면서 계약금으로 1억 원을 송금하였고, 2005. 12. 30. 본등기를 마치고, 2009. 6. 5.까지 매매대금으로 총 4,303,100,000원을 지급하였다고 주장하고 있습니다.

　　① 부동산매매계약을 체결한 사실이 없습니다.

　　② 돈을 한 푼도 받지 않고 가등기하고 소유권이전등기를 하여 명의신탁입니다.

　　③ 명의신탁 시 가등기예약금 1억 원도 고소인이 피고소인에게 보냈다가 17분 만에 바로 가지고 갔습니다.

　　④ 가등기비용과 소유권이전등기비용 및 취득세 등록세를 포함하여 총 43,334,570원도 피고소인이 지급하였습니다.

　　⑤ 가등기로 명의신탁을 해놓은 것이고 등기비용과 세금까지도 모두 피고소인이 부담한 명의신탁입니다.

⑥ 설사 신탁부동산을 팔아서 주기로 하고 돈을 받지 않고 넘겨 준 것이 명의신탁입니다.

2. 신탁부동산 매각대금지급과 관련하여

(1) 고소인은 2009. 6. 5.부터 피고소인에게 총 3,336,00 0,000원을 지급하였다고 주장하다가 나중에는 총 4,30 3,100,000원을 지급하였다고 주장하고 있으나 피고소인이 고소인을 2013. 12. 26. ○○지방검찰청 ○○지청에 금 2,784,000,000원의 횡령 혐의로 고소를 제기하자 수사 과정에서 고소인이 중간에 사람을 내새워 합의를 요청하고 금 15억 원을 지급하기로 하면서 금 13억 원은 지급하고 나머지 금 2억 원은 고소인이 가지고 있는 근저당권을 피고소인에게 넘겨주기로 하였는데 피고소인이 고소를 취하하자마자 고소인은 위 근저당권을 현재까지 피고소인에게 넘겨주지 않고 있습니다.

(2) 그래서 피고소인은 고소인으로부터 지급받아야 할 2,7 84,000,000원에서 합의하는 과정에서 고소인이 매수인이 구속되는 등 지급받지 못했다는 말에 또 속아 27억 8,400만원에서 10억 원을 공제한 15억 원을 받기로 합의한 것인데 근저당권을 넘겨주지 않아 내용증명을 발송하고 거짓말에 의하여 속아 공제하게 된 금액인 10억 원의 지급을 구하는 소송을 제기한 것입니다.

3. 고소인의 무고주장과 관련하여

(1) 고소인은 피고소인이 2013. 12. 26. ○○지방검찰청 ○○지청에 제기한 금 2,784,000,000원의 횡령으로 고소를 제기하자 합의를 요청하면서 금 15억 원을 지급하기로 하고 합의한 사건에 대하여 2억 원의 근저당권을 이행하지 않아 합의서를 무효로 하고 거짓으로 공제한 금 10억 원을 청구하는 민사소송을 제기하자 명의신탁의 목적으로 한 가등기예약을 매매계약 한 것이라면서 피고소인이 명의신탁으로 고소인을 고소한 것은 무고라고 주장하고 있습니다.

(2) 고소인은 피고소인이 있지도 않은 금 2,784,000,000원을 명의신탁의 매득금을 횡령하였다고 고소장을 작성하여 ○○지방검찰청 ○○지청에 접수하여 무고하였다고 주장하고 있으나 고소인이 스스로 수사 과정에서 사람을 내세워 합의를 요청하여 합의금 15억 원을 지급하기로 합의한 것이지 무고한 것이 아닙니다.

(3) 고소인이 스스로 사람을 내세워 피고소인에게 합의를 요청하였고 2,784,000,000원 중에서 약 10억 원은 매도자 측에서 구속되는 바람에 돈을 못 받은 부분이 있다며 깎아달라고 해서 27억 8,400만원 중에서 15억 원을 지급하기로 합의하면서 당일 날 13억 원은 지급하고 나머지 2억 원은 근저당권을 피고소인에게 넘겨주지 않았고 피고소인이 고소를 취하 하자마자 피고소인이 매매계약인데 고소인을 명의신탁이라며 고소하여 무고이고 돈을 달라고 청구하는 것이 소송사기고 합의금으로 고소인 스스로 지급한 돈은 강요에 의한 공갈 협박으로 주장하는 것은 역무고 혐의가 있습니다.

피고소인은 없는 돈을 달라고 청구한 사실도 없고 명의신탁에 의하여 매각대금을 지급하지 않고 그 돈 가지고 고리대금업을 하고 있어 금 2,784,000,000원을 횡령하여 고소하자 사람을 내세워 합의를 하면서 15억 원 중, 13억 원을 스스로 지급하고 고소취하를 조건으로 내걸었던 것이지 피고소인은 고소인을 고소한 것 외에는 고소인에게 찾아간 적도 없고 사람을 내세워 돈을 달라고 요구한 사실도 없는데 명의신탁을 원인으로 하여 고소취하를 하면서 합의금으로 응당 받을 돈을 받은 것뿐입니다.

피고소인으로서는 응당 명의신탁으로 인한 매각대금을 합의금으로 받아야 할 돈을 받은 것뿐입니다.

피고소인은 이 사건 명의신탁의 부동산을 2002. 9. 9.과 20 03. 4. 16.에 전 소유자 ○○○과 ○○○으로부터 총 15필지 총 568,340㎡를 총 3,069,450,000원에 매수한 것으로 등재되어 있으나 실제 등기비용 및 부동산 중개수수료 등 세금을 포함하여 4,300,000,000원이나 됩니다.

그래서 피고소인은 고소인에게 명의신탁을 목적으로 가등기예약금을 43억 원으로 하였고 가등기예약금 1억 원도 고소인에게 보냈다가 도로 고소인이 17분 만에 가지고 간 것이고 가등기비용과 본등기비용을 비롯하여 관련세금까지 총 43,334,570원도 피고소인이 모두 지급하였고 고소인은 단 한 푼도 돈을 내지도 않았고 지급한 사실이 없으므로 명의신탁입니다.

또한 피고소인이 명의신탁 부동산을 취득한 원가가 43억 원인데 고소인에게 43억 원에 매매할 이유도 없고 그것도 한 푼도 받지 않고 가등기예약금 1억 원도 피고소인에게 고소인이 보내줬다가 바로 17분 만에 다시 가지고 갈 이유가 없었고, 등기비용까지 피고소인이 고스란히 납부하고 가등기와 본등기를 해줄 이유가 없었고 나중에 팔아서 주기로 하였다고 하더라도 돈을 한 푼도 받지 않고 등기를 넘겨준 것이 명의신탁입니다.

명의신탁이기 때문에 등기비용을 피고소인이 부담하면서까지 고소인에게 가등기 해주고 소유권이전등기를 해준 것입니다.

4. 강요행위 및 공갈주장과 관련하여

(1) 고소인은 피고소인이 한 고소사건을 합의를 하지 않으면 곧 구속될 것이다. 13억 원을 지급하고 근저당권채권 2억 원을 양도한다는 내용의 합의서를 작성케 하여 의무 없는 일을 강요하였고 피고소인의 대리인인 ○○○을 통하여 현금 13억 원과 금 2억 원의 근저당권을 서류를 교부받아 총 15억 원의 재물을 갈취하였다고 주장하고 있습니다.

(2) 피고소인은 고소인을 찾아간 사실도 없고 고소인에게 고소사건의 합의를 요구할 필요도 없었고 피고소인은 고소인과 합의하려고 사람을 시켜 부탁한 사실도 없고 고소인이 주장하는 ○○○이라는 사람은 피고소인이 내 새운 사람이 아니고 이 사건 이전에 고소인으로부터 소개받아 피고소인이 알았던 사람으로 고소인이 합의하기 위해 내새웠던 사람이고 합의서 또한 고소인이 작성해 온 것이며 피고

소인이 작성한 것도 아니며 합의서를 작성케 하여 의무 없는 일을 강요하지도 않았고 15억 원을 받지도 않았지만 13억 원을 합의금으로 교부받아 고소를 취하하였던 것이지 갈취한 것이 아닙니다.

(3) 합의서에는 고소인의 인감도장과 인감증명서까지 첨부되어 있고 13억 원까지 현금으로 고소인을 대리한 사람인 ○○○이 가지고 나왔고 합의에 의하여 고소를 취하하고 응당 명의신탁에 대한 매각대금을 합의에 의하여 고소인이 스스로 지급한 돈을 받은 것이지 강요에 의하여 갈취한 것이 아닙니다.

고소인은 자신을 대리인으로 내 새운 ○○○을 통하여 자신의 인감도장과 인감증명서와 합의금까지 금 1,300 ,000,000원을 건네주고 합의를 체결하고 고소를 취하시킨 후 말을 바꾸고 피고소인의 강요에 의하여 갈취 당했다고 주장하면서 피고소인을 처벌받게 할 목적으로 고소를 제기한 것이므로 고소인을 역무고 혐의로 처벌해야 합니다.

5. 소송사기 주장과 관련하여

(1) 고소인은 피고소인이 2,784,000,000원 중, 합의금으로 1,300,000,000원을 지급받고 나머지 1,480,000,000원을 받지 못하였으나 그 중 1,000,000,000원을 2014. 6 . 4. ○○지방법원 ○○지원에 민사소송을 제기하였으나 2014. 1.경 합의서를 체결하면서 13억 원과 근저당권양도 2억 원을 포함하여 총 15억 원을 이행하는 조건으로 고소인에 대한 민·형사상 이의를 제기할 수 없는 것임에도 사실을 숨기고 법원을 기망하여 소송사기에 해당한다는 주장입니다.

(2) 고소인은 앞서 피고소인의 강요에 의하여 15억 원을 의무 없는 일을 강요하여 갈취 당했다고 고소를 해놓고 여기서는 합의금으로 15억 원을 지급하고 민·형사상의 이의를 제기할 수 없는데 10억 원을 청구한 것은 소송사기에 해당한다고 상호 모순되는 주장을 하고 있습니다.

그렇다면 고소인은 합의서에 의하여 15억 원 중, 13억 원은 지급하고 아직까지 합의서에 의하여 근저당권 2억 원을 양도하기로 하였으나 그 이행을 하지 않았습니다.

피고소인은 고소인에게 합의서상의 근저당권 2억 원을 양도절차를 이행하지 않았으므로 이행을 구하고 불능의 경우 2억 원을 전보 배상하라는 정당한 청구권에 대하여 사실을 숨기거나 법원을 기망한 사실이 없습니다.

6. 결론

피고소인은 고소인에게 돈을 한 푼도 받지 않고 명의신탁을 목적으로 하여 가등기와 소유권이전등기를 하면서 등기비용과 세금까지 납부하고 이전한 것인데 고소인이 가등기 시 작성하였던 예매계약을 매매계약이라고 주장하면서 피고소인이 고소인을 횡령죄로 고소한 사건에서 고소취하를 전제로 합의하면서 합의금으로 지급한 돈을 있지도 않은 돈을 강요에 의하여 지급한 것이라며 거짓말로 피고소인을 처벌받게 할 목적으로 무고 등으로 고소한 것이므로 고소인을 형법 제156조에 의하여 역 무고혐의로 처벌이 불가피합니다.

소명자료 및 첨부서류

1. 가등기예약금 1억 원 송금 및 반환내역	1통
1. 등기비용지급내역서	1통
1. 합의서	1통

○○○○ 년 ○○ 월 ○○ 일

위 피고소인 : ○ ○ ○　(인)

전주지방검찰청 귀중

▣ 대한법률편찬연구회 ▣

연구회 발행도서
-2017년 소법전
-민법 지식정보법전
-형법 지식정보법전
-법률학대사전
-민법주석대전(전3권)

탄원내용·소명자료·첨부서류·절차진행에 대한 의견 등 수록

판례중심 **탄원서·의견서작성방법과실무**   정가 18,000원

2018年 1月 10日 2版 印刷
2018年 1月 15日 2版 發行
    편   저 : 대한법률편찬연구회
    발 행 인 : 김 현 호
    발 행 처 : 법문 북스
    공 급 처 : 법률미디어

152-050
  서울 구로구 경인로 54길4(구로동 636-62)
  TEL : (02)2636-2911~3,   FAX : (02)2636~3012
  등록 : 1979년 8월 27일 제5-22호
  Home : www.bubmun.co.kr

❙ISBN 978-89-7535-412-0 13360
❙이 도서의 국립중앙도서관 출판예정도서목록(CIP)은 서지정보유통지원시스템 홈페
  이지(http://seoji.nl.go.kr)와 국가자료공동목록시스템(http://www.nl.go.kr/kolisnet)
  에서 이용하실 수 있습니다.(CIP제어번호: CIP2017000144)
❙파본은 교환해 드립니다.
❙본서의 무단 전재·복제행위는 저작권법에 의거, 3년 이하의
  징역 또는 3,000만원 이하의 벌금에 처해집니다.

13360

ISBN 978-89-7535-412-0

18,000원